APRÈS TANT DE SILENCES

CONSTANCE
GUICHARD-PONIATOWSKI

APRÈS TANT DE SILENCES

BOUQUINS

mémoires

Bouquins Éditions, Paris, 2022
92, avenue de France 75013 Paris
ISBN : 978-2-38292-071-8
Dépôt légal : octobre 2022

À Clémence, Alexis et Blanche

1

« CONSTANCE EST NÉE »

De mon Teppaz sort la voix envoûtante de Sylvie Vartan avec son premier hit, « *Ce soir je serai la plus belle pour aller danser-er-er-er, danser...* ». Ce remake de Cendrillon emballe la fille de seize ans pas très dégourdie que je suis. La plus belle pour aller danser, ce n'est pourtant pas gagné, j'ai les pieds en dedans et les cheveux qui frisent. La parade ? Les attacher avec un élastique qui a le mérite de ramener la crinière mousseuse à l'état de queue, non de cheval, mais de rat. Il y a encore du travail avant que je récupère une pantoufle de vair à ma taille, je chausse déjà du 39, mais peu importe, personne ne songe à m'inviter à danser, une de ces activités où il me reste tant à apprendre.

On est en 1968 et mon âge mental correspond à celui d'une gamine de dix ans d'aujourd'hui qui n'aurait pas découvert TikTok. Une ébauche en quelque sorte. Mais la consigne, ce samedi 7 septembre, est d'être tout au plus présentable, un challenge que je dois pouvoir assumer. Ce week-end-là, l'UDR, l'Union des démocrates pour la République, le parti gaulliste au pouvoir, organise à La Baule ses Journées parlementaires.

Olivier Guichard, mon père, reçoit le gratin des troupes chez lui, chez ses parents plutôt, à vingt kilomètres de la station balnéaire dont il a été réélu député en juin avant d'être nommé mi-juillet, sous la présidence du Général, ministre du Plan et de l'Aménagement du territoire. S'y mêlent quelques *people*, comme on ne dit pas encore à l'époque. En guise de Sylvie Vartan qui pouponne le jeune David Hallyday, j'ai droit à Enrico Macias. Fraîchement débarquée de pension, j'ai pris quatre ans de retard dans le suivi du hit-parade. Entretemps le chanteur est devenu à la mode.

Je me réjouis donc de l'embrasser et de le féliciter pour son esprit d'aventure, lui qui a choisi de passer un week-end entre Maurice Schumann et Yves Guéna. Il est venu mettre un peu de soleil au cœur du crachin breton qui menace le raout paternel.

Mon père nous a demandé, à ma sœur aînée Malcy et moi, d'être présentes. Mieux : d'être des hôtesses dignes de lui. Facile pour Malcy qui a toujours été à la hauteur de ses attentes – elle sait même les anticiper –, plus compliqué pour moi qui leur suis imperméable. En réalité, il n'a pas été plus loquace que d'habitude, ma mère s'est chargée de nous transmettre son souhait.

On la joue sœurs jumelles malgré nos quelques années de différence. Les irrésistibles Demoiselles de Rochefort, après avoir ensorcelé l'écran grâce à

Jacques Demy deux ans auparavant, ont laissé des traces. Aux antipodes de Catherine Deneuve et Françoise Dorléac côté physique, on mise tout sur la mode des pulls courts en shetland rapportés d'Angleterre. C'est l'argument qui me fait accepter de passer un mois chaque été dans une famille outre-Manche à tenter de parler l'anglais. En Loire-Atlantique, ce coin de France où beau ne signifie pas toujours chaud, la fin de l'été s'accommode bien d'un morceau de mouton écossais sur les épaules.

Ma sœur est moins stressée que moi, déjà rodée aux choses de la vie après s'être mariée quelques mois plus tôt, le 21 mai 1968, au milieu des événements historiques que l'on sait. Ça ne s'invente pas. Date décidée bien en amont : Malcy comptait sur d'éventuels lilas en fleur, pas sur des barricades et une pénurie de carburant mettant les stations-service à sec et notre père à mal – il est alors ministre de l'Industrie. Si les réseaux sociaux avaient existé, il eût été prié le lendemain de repartir arpenter ses plages bretonnes, vilipendé après la parution d'un Instagram le montrant en jaquette, une main tenant celle de sa fille pour la mener à l'autel, et l'autre portant un jerrican.

En fait, il est venu jusqu'à l'église Sainte-Clotilde à pied depuis son ministère de la rue de Grenelle où il passait ses jours et ses nuits à cause de la situation politique, et aurait-il trouvé les dix litres d'essence auxquels l'autorisaient ses fonctions pour venir en voiture, personne ne lui en aurait tenu rigueur. Même *Le Canard enchaîné* n'aurait pas trouvé à y redire.

Rien ne ressemble moins à la politique actuelle que celle de la seconde partie du XXe siècle. Tout alors y est toléré si ce n'est accepté, parce que, après la noirceur des deux guerres mondiales, la liberté a repris des couleurs.

Le monde semble appartenir à ces politiciens qui entourent le Général depuis son retour au pouvoir dix ans auparavant, forts d'avoir fait la guerre et d'y avoir survécu, fiers d'avoir reconnu en de Gaulle l'homme de l'avenir et de l'avoir accompagné sur un chemin difficile. Ils sont certains d'avoir remis la France sur des rails grâce à la nouvelle république qu'ils ont tenue au-dessus des fonts baptismaux, la cinquième du nom. Ils paraissent inatteignables. Ils le sont, pour avoir redonné à la politique ses lettres de noblesse, pour leur engagement au service de leur pays qui les auréole d'un halo où s'entremêlent des valeurs de citoyenneté, de courage, d'abnégation et d'humanité. Élus ou non, ils sont les cadors du moment. Ils font le plus beau métier du monde, ce que personne n'aurait l'idée de leur contester.

Est présent à La Baule, Georges Pompidou, récemment remercié par de Gaulle qui a déclaré, lors d'une conférence de presse, l'avoir placé « en réserve de la République ». Il lui a préféré Maurice Couve de Murville pour Matignon. Le nouveau Premier ministre, agile comme un furet, glisse d'un buisson à un autre afin d'échapper au regard, qu'il imagine courroucé, de son prédécesseur, ou bien se cache au milieu des autres invités, Michel Debré, Roger Frey, Raymond Marcellin, Pierre Messmer, Albin Chalandon, André Bettencourt, Robert Boulin, ainsi que de nombreux parlementaires. Après la révolution de mai, les élections législatives de juin, consécutives à la reprise en main du pays par l'Exécutif, ont vu un raz de marée bleu déferler à l'Assemblée nationale. Il se disait à l'époque qu'un âne, si tant est qu'il fût estampillé UDR, aurait été élu.

Ma sœur et moi, nous sommes les deux seules représentantes de notre génération, et les éléments féminins se comptent sur les doigts des deux mains, notre mère comprise. Alors que mes parents ont refusé quatre mois plus tôt que je quitte l'internat pour participer à la manifestation du 30 mai 1968 qui a mobilisé un million de personnes sur les Champs-Élysées, déterminées à redire leur foi dans l'homme du 18 Juin, ils m'offrent ce jour-là les principaux leaders de la nouvelle majorité sur un plateau, Premiers ministres, ministres, députés. Le grand huit de la Foire du Trône me ferait moins tourner la tête. Autre événement, pour la première fois de notre vie si peu commune, mon père décèle ma présence et me désigne aux regards amusés de ce cénacle en costume gris, planté dans le pré qui a pour habitude d'accueillir Fifine, Dahlia et Farouche, les vaches de notre voisine Marie Morin.

Farouche, je ferais mieux de le rester devant cet aréopage qui a envahi le bout de verdure situé à l'arrière de la maison, qu'on appelle pompeusement « le verger » : trois vieux pommiers dont les fruits n'arrivent jamais jusqu'à la table, ma grand-mère les stockant sur des clayettes afin qu'elles deviennent blettes et immangeables, à moins qu'elle les oublie d'une année sur l'autre, les deux explications étant compatibles. Bien qu'on ait déplacé les vaches pour cause de réjouissances, j'ai la sensation d'appartenir au troupeau. Je regarde défiler ces messieurs comme un long train et subodore que l'odeur de fumier à proximité éveille chez eux le syndrome dit « du Salon de l'agriculture », à savoir le besoin de caresser le cul des bovins, exercice obligé chaque année porte de Versailles à Paris.

En l'absence des bovins priés de retourner à l'étable et en présence de mes parents, les mains hésitent avant de serrer la mienne, se perdent à gauche, à droite. Je les sens contrariées dans leur tentation de marquer de leur sceau le bras, l'épaule ou la fesse de la jeune fille qui passe, quoiqu'ils la préfèrent électrice afin d'allier l'utile à l'agréable. Un tic que l'on retrouve chez beaucoup d'édiles, parlementaires et conseillers en tout genre, les citadins n'ayant rien à envier à leurs collègues ruraux et s'avérant moins ballots qu'on pourrait l'imaginer au milieu du foin. À la ville comme à la campagne, l'homme politique milite à l'année, ses spermatozoïdes aussi. Séduire son électorat oblige à donner de sa personne, quoi qu'il en coûte. Une contrainte qui engendre à chaque génération une ribambelle d'enfants adultérins, lesquels vivent leur sort plus ou moins bien.

Ce soir de septembre 1968, cantonnée au rôle de « ma fille Constance », j'ai laissé une part d'adolescence derrière moi sans pour autant intégrer les codes féminins, contrairement à ce qu'imaginent ces messieurs devant mon 90 C. Ma naïveté et ma réserve sont à l'image de mes seins, outrageusement développées. Trois mois plus tôt, je grattais encore « Santiano » sur une guitare autour d'un feu de camp, parfait pour entonner Hugues Aufray, moins convaincant quand il s'agit d'être à l'aise en public. Il va pourtant falloir que je me dégrossisse. Finie la forêt, dans une semaine j'entre en terminale à Paris, et je vais prendre en pleine figure la maturité des filles de la capitale. Comme celle assise au rang devant moi dès le premier jour. À la sonnerie de 16 h 30, j'apprendrai qu'elle file en studio poser pour les couvertures des *SAS* de Gérard de Villiers. Le héros de ces romans d'espionnage, Son Altesse Sérénissime Malko Linge, emballe le lectorat tous sexes confondus, et pas un homme ne reste indifférent aux photos qui illustrent les célèbres couvertures noires, surtout aux égéries qu'elles affichent.

À ce moment-là, le gap que je dois franchir se mesure à cette élève à tomber, installée sous mes yeux et pourvue d'un mètre de cheveux blonds et raides.

On m'a inscrite chez les sœurs, évidemment. L'enseignement ne se discute pas, catholique quoi qu'il arrive. La faute à ma grand-mère paternelle, une sainte femme qui aurait souhaité que l'éducation religieuse nous soit instillée en intraveineuse. Mes parents, si l'envie leur prenait de rester à la campagne début septembre, me casaient néanmoins un mois à l'école publique du village où l'instit accueillait tous les enfants dans la même pièce. On apercevait le clocher de l'église par la fenêtre, ça les rassurait.

Revenir dans la capitale à seize ans, dans l'appartement déserté par ma sœur Malcy dont je récupère le lit encore chaud, en y retrouvant ma sœur Aline, née six ans après moi, tient du pari. L'ambiance était lourde lorsque j'en suis partie pour la pension, partagée entre la tristesse de m'éloigner de ma mère et le soulagement de ne plus côtoyer au quotidien le couple qu'elle forme avec mon père. Ou plutôt qu'ils ne forment pas, n'ont jamais formé à mes yeux si ce n'est en société, notamment dans le milieu bourgeois catholique qui m'a vue naître en plein baby-boom. À force d'être drapé dans ses principes, ce milieu s'y est caramélisé comme une pomme d'amour patiemment tournée dans le sucre. Son principal attrait réside dans l'image admirable qu'elle offre, tant par sa forme et sa couleur que par le brillant de sa carapace rouge. Lorsqu'on croque la coque pour arriver au cœur fondant du fruit qui ne manque pas de pépins, on y laisse plus que les dents. De même, l'essentiel chez nous, ce sont les apparences. Il faut paraître. Paraître s'entendre, paraître former une famille, paraître assumer le rôle de père, paraître joyeux. Les obligations de la bourgeoisie se déclinent à l'infini.

Pour l'avoir beaucoup côtoyée, Françoise Giroud, dans un éditorial de *L'Express* de juillet 1969, raconte mieux que quiconque cette société à double visage : « Celui, officiel, à usage national, où les dames portent jupe et chapeau, inscrivent leurs enfants dans des institutions privées et organisent des galas de bienfaisance ; où les messieurs prennent des vacances avec leur épouse en rejoignant, dans leur province natale, la maison familiale. Et celui, parisien, à usage privé, où les choses se passent un peu autrement. »

Loin des galas de bienfaisance qui leur sont totalement étrangers, le mariage en trompe-l'œil de mes parents boitait déjà à ma naissance.

Pourtant bien parti, comme le confirme la correspondance que j'ai pu lire, moins de dix ans suffisent à en saper les bases. Mais, « chez ces gens-là », les miens, on ne divorce pas, surtout dans les années 1960, « on prend les bébés que le Seigneur vous envoie », ajoute ma grand-mère – la régulation naturelle des naissances reste aléatoire et l'heure de la pilule n'a pas encore sonné –, l'épouse ne travaille pas et se voit obligée de demander de l'argent à son mari. « Olivier, tu peux me donner mon mois ? » Prononcée douze fois par an, voire plus à cause des oublis, la phrase de ma mère me convainc de la liberté qu'offre un métier, et continue de m'horrifier dans ce qu'elle implique de dépendance et de rapports faussés dans leur couple. Lorsque je me marie et que je subviens, seule pour quelque temps, à nos besoins, je comprends que mon travail a pour priorité de nous nourrir. La liberté, elle, préserve d'avoir à quémander.

L'argent tient une place importante au 12, avenue Bugeaud, l'adresse familiale. Mes grands-parents maternels en manquent – mon grand-père est officier de cavalerie –, mon père en manquera jusqu'en 1967, date à laquelle il est élu député, et même si mes grands-parents paternels sont plus à l'aise, les Trente Glorieuses ont déclenché une folie de consommation.

Le réfrigérateur et la machine à laver font rêver la ménagère qui envisage, sans y voir d'outrage, de trouver l'un ou l'autre au pied du sapin de Noël. Avec les manteaux de fourrure, ils constituent d'ailleurs les lots mirobolants que, pour ses concours, le magazine *Elle* promet à ses lectrices afin de les inciter à jouer. Autres temps, autres désirs. Ma mère, pragmatique, peu habituée au luxe, accepte son chèque mensuel pour supporter un quotidien auquel elle ne s'attendait pas. Les interminables tournées régionales afin de mettre en place dès 1947 le premier parti gaulliste, le RPF – Rassemblement du peuple français –, les voyages à l'étranger pour accompagner le général de Gaulle et autres exigences de la vie politique ont éloigné un mari dont le naturel s'accommode sans difficulté de ces évasions multiples.

Je reste persuadée que ce chèque joue, pour mon père, un rôle libérateur. Inconscient. Sans oublier qu'il est un des acteurs de l'histoire qui se déroule, et que, comme ses compagnons de gaullisme, il se situe au-dessus de la mêlée. Qui lui imposerait des codes ou des contraintes si ce n'est son éducation et les valeurs qu'elle lui a inculquées ? On les retrouve, intactes, tout au long de sa vie professionnelle. Autant il ne transige pas sur son gaullisme, autant il louvoie dans sa vie personnelle ; autant il est rigoureux auprès du Général, autant il se montre désinvolte en famille. Tout aussi enchaîné à ses convictions qu'il est détaché de ses devoirs conjugaux ou paternels. Bref son honnêteté absolue s'accompagne d'une vie dissolue. Françoise Giroud résume cela parfaitement dans l'édito que j'ai cité plus haut : « Ainsi n'y a-t-il plus à proprement parler une "haute société" bourgeoise, avec ses rites, ses tics, ses mœurs, à imiter ou à moquer, à respecter ou à enfreindre. Mais une façade truquée qui se désagrège chaque jour davantage. »

Chacun s'en arrange, fidèle depuis toujours au célèbre *Never complain, never explain* attribué à la reine Victoria – ne jamais donner d'explication, ni se plaindre. Un adage qui a valeur de saint chrême dont on nous marque le front à la naissance. Hormis la présence du banquier écossais John Law dans notre arbre généalogique à la fin du XVIIe siècle, j'ignore les raisons qui ont obligé mes ancêtres et moi-même à plier sous le poids de cette règle de vie britannique. Les uns ne se sentent pas tenus d'expliciter, les autres n'ont pas le droit de protester. Un monde de silence.

Chez nous, ce silence est érigé en paradigme et décliné au subjectif plus-que-parfait. J'ai longtemps pensé que tout le monde vivait de cette façon, dans le mutisme et l'éloignement. Ce qui semble alors me distinguer des autres familles, c'est la présence des notables de la Ve République qui habitent mes jours et mes nuits, et me marquent à vie. Le cénacle très masculin qui la compose fait la une des journaux, surtout la une de mon panthéon. Mystérieux donc fascinants, ces hommes pèsent lourd face à la dominante féminine : nous sommes trois filles et, comme je l'ai dit, mon père se borne à des apparitions. Je tente bien de normaliser le couple que forment mes parents, le cercle familial et la place que j'y tiens, mais en vain. Comme la plupart des enfants, je rêve d'entrouvrir la porte de leurs chambres, avide de transgresser ce que j'imagine interdit, leur intimité. Leurs chambres séparées me compliquent la tâche et plus que des mots d'amour, je surprends dans leurs conversations les chapitres d'un livre d'histoire destiné aux futures générations : « Le Général m'a demandé… », « Pourquoi Soustelle t'a dit ça ? », « J'ai entendu qu'à Alger… » À l'arrivée, tout me persuade que l'existence tourne autour de deux pôles, l'homme et la politique. À trop avoir embelli les vertus de ces deux-là, mon enfance a oublié de se forger les siennes.

Plutôt que de me rebeller face à cette mainmise, je m'en accommode fort bien avant d'épouser, plus tard, une autre famille politique, celle de mon mari. Je me laisse porter par les circonstances, et la facilité qu'elles ont à m'influencer. Mon entourage censé me servir, comme tout un chacun, de banc d'essai pour comprendre et intégrer la société, n'a rien d'émancipateur. Un couple parental hors du commun, un père fantomatique, et aucun autre repère masculin : je suis un Rubik's Cube à moi seule dont, comme chacun sait, il n'existe pas de mode d'emploi. Je chercherai longtemps comment en aligner les couleurs.

Dans le rôle principal, considéré comme tel encore au milieu du siècle dernier, celui du chef de famille, mon père, un quasi-inconnu, secondé par le caractère démesuré de ma mère qui remplit le vide qu'ils laissent tous les deux s'installer dans leur couple. Ce que je sais de lui, depuis sa disparition, quand j'ai pris enfin le temps de regarder l'envers du tableau, se résume à quelques traits : homme politique de talent, littéraire rattrapé par le gaullisme, fidèle séducteur, flegmatique passionné de ses deux régions d'origine, la Bretagne et le Sud-Ouest, père absent. Beaucoup de contradictions, certaines lui valant la considération de ses contemporains, d'autres déclenchant leur perplexité et une flopée de questions restées sans réponses. De ma part en tout cas. Parce que, à son image, je donne plutôt dans le silence et les années passées à proximité de lui m'ont laissé une méconnaissance profonde de cet homme.

Le concernant, ma curiosité a tardé à se manifester. Pour parvenir à maturité, j'ai commencé par décadenasser, de façon imparfaite, le mutisme de ma jeunesse. L'envie de le découvrir a ensuite cheminé lentement, comme l'âne qui monte les ruelles de l'île de Santorin pour la première fois, conscient qu'il devra aller au terme de sa course, taraudé par l'ânier, impatient du moment où il le débâtera.

Les hommes et les femmes politiques des trente dernières années, ou plus, m'obligent à remonter le temps, ce chemin instructif. Aucun en particulier mais la façon qu'ils ont de concevoir leur métier. J'ai considéré pendant longtemps leur métier comme le plus beau du monde, il est aujourd'hui le plus décrié.

À ceux qui vivaient pour la politique ont succédé ceux qui vivent de la politique. Aux partis qui servaient à se retrouver, discuter et refaire le monde ont succédé Twitter et Instagram. À leur carte d'adhésion ont succédé les algorithmes. À la salle des fêtes où l'estrade montée à la hâte permettait de proclamer ses vérités ont succédé les écrans. Au vu de cette faillite, je suis persuadée d'avoir été bernée depuis mon enfance, d'avoir pris des vices pour des vertus. L'acuité de mon jugement elle aussi a failli.

La réalité est que j'ai été gâtée en grandissant dans une période hors norme, puis que j'ai fait mine d'ignorer les évolutions de la société qui ont entraîné les changements légitimes du système. Vers le bas.

J'ai une explication à cela, si ce n'est une excuse. La vision gaullienne du pays, adaptée aux conditions de l'après-guerre, portée par ceux qui se penchaient sur mon berceau, a élevé à mes yeux la chose publique à un niveau jamais égalé. Je ne l'ai pas idéalisée, j'en ai déniché la confirmation dans les carnets et les cahiers que mon père a commencé à noircir très jeune et jusqu'à sa disparition, dans ses livres, les nombreuses archives qu'il a conservées : à période exceptionnelle, hommes exceptionnels, comme lui ; rien à voir avec les qualités requises pour tenir la place, difficile, de père. Les mêmes éléments m'ont aussi révélé les multiples raisons de ce que je considérais jusque-là, chez lui, comme des faiblesses. Et que j'ai retrouvé chez moi, tel un copié-collé.

Conviée très tôt à la table familiale, la république a agi chez moi comme le sucre qui appelle le sucre, et je m'en suis nourrie de façon compulsive. La place impartie à l'histoire m'a obligée à revoir celle de la France et de ses hommes politiques depuis les années 1940 jusqu'à l'aube des années 2000. Avec, tapi derrière chaque ligne, l'écueil qui consiste à détourner la vérité : lorsqu'il s'agit d'écrire sur des êtres humains, il n'y a plus d'objectivité qui tienne. Un test pour ma mémoire durant lequel je prends conscience des risques qu'elle génère, « représentation chargée d'humanité et d'authenticité, mais floue, introduisant inévitablement un biais dans le passé », comme l'a expliqué l'historien François Bédarida. Ce sont autant de freins qui m'ont fait avancer et percevoir que la politique et ses acteurs, y compris les poids légers, ont pesé lourd dans ma balance. Avant tout comme une chance dont j'ai mesuré l'ampleur le jour où la distorsion avec la réalité est devenue trop importante, où la fièvre de cette époque béatifiée est retombée.

Commençons par le début : « Constance est née. » Ces trois mots me sautent à la figure. En parcourant les cahiers paternels, qu'il m'arrive de feuilleter vers l'arrière pour vérifier l'année, replacer un fait. Pas autant que l'« info » que j'ai repérée dans le *France-Soir* à cette même date, « Une dinde bourbonnaise est expédiée à Churchill pour Noël ». Si je l'avais lue avant, j'aurais compris pourquoi j'avais longtemps traîné un air de ressemblance avec l'autre héroïne du jour. Et les raisons de mon intérêt durable pour Winston. Je ne m'attendais pas à lire ces trois mots écrits de la main d'un homme qui ne m'a jamais souhaité mon anniversaire. Ça ne m'a pas empêchée de grandir, mais j'ai poussé un peu de travers. Lui qui aimait tant les arbres le savait pourtant : même bien enraciné, le rejeton a besoin d'un tuteur.

Pour l'instant, je me réjouis d'apparaître dans ses cahiers, en espérant une suite. Nous n'étions pas très proches ni par la présence ni par la parole mais le pire n'étant jamais certain, peut-être découvrirai-je, au hasard d'autres pages, au long des décennies, l'expression de ses sentiments ? Pendant des années, mes sœurs et moi apparaissons à deux ou à trois sous le terme « les filles », un paquet impersonnel qu'on trimbale beaucoup en voiture pour aller le poser chez les grands-parents. Je ne suis pas surprise depuis que je l'ai entendu confesser au journaliste Pierre Dumayet dans son émission *Cent questions derrière un miroir* : « Les enfants commencent à m'intéresser à partir de treize, quatorze ans. » Du moment qu'il l'a dit.

En ce qui me concerne, ça prendra un peu plus de temps. Il semblera faire véritablement attention à moi à dix-sept ans, un jour où je passerai le voir au ministère de l'Éducation nationale avec « Ponia junior ». Puis une dizaine d'années plus tard, c'est lui qui viendra à la maison où je lui servirai, selon ses dires, « un très mauvais thé ». Me voilà réduite à trois citations en trente ans. Pas de quoi pavoiser. Que je ne possède pas le doigté british pour préparer le thé, soit, mais qu'il le note me laisse songeuse. Au point de me résoudre à l'évidence : ces cahiers ne m'apporteront pas ce que j'en attends s'il s'agit d'y trouver l'expression de son estime, de sa fierté, de sa reconnaissance. Il a trois filles, point final.

En revanche, après lecture, je n'ai plus besoin de me demander pourquoi j'ai longtemps été discrète, poussant sous un regard paternel que je me rappelle bienveillant mais qui oubliait de se poser sur moi. Et sous un autre que j'accueillais comme d'autant plus aimant qu'il était prodigué par une mère dont le caractère exalté m'a laissée plus d'une fois sans voix.

2

SUZANNE L'ENCHANTEUSE

Dans le couple que ne forment pas mes parents, il y a mon père. Et puis il y a une star, Suzanne, ma mère, celle qui m'appelle son « bleuet des îles ». Un air d'Ava Gardner qui aurait volé à Elizabeth Taylor le bleu claquant de ses yeux et le noir de ses cheveux. Une femme en Technicolor. À peine exagéré, comme description, bien que ma référence à ces stars ne soit pas à chercher du côté de Hollywood. Plutôt une tendance midinette que j'ai suivie avec entrain, plus souvent que les circonstances ne m'y invitaient.

Suzanne disparaît l'année de mes trente ans. Une tante m'avait prédit, en lisant les lignes de ma main, un bouleversement à ce moment de mon existence, sans plus de précision. De quoi sourire. Atteindre le plus bel âge pour une femme constitue en soi un événement et j'avais conscience que cela ne me laisserait pas indemne. Aucun besoin de chiromancie pour le savoir. Oublié le présage, jusqu'à ce qu'une piqûre de guêpe, auquel Suzanne était allergique, l'étouffe et ouvre chez moi une faille jamais comblée.

Mon père, après avoir pris conseil auprès de sa sœur Malcy, il a donné le même prénom à sa fille, a fait fermer le cercueil avant que notre train entre en gare de Libourne en Gironde. Alors que nous longeons l'enceinte de l'hôpital où elle repose, imaginant pouvoir l'embrasser une dernière fois, il a décrété qu'il était préférable pour nous de ne pas la revoir. J'ai compris à cet instant ce que l'éducation Guichard, elle, n'a jamais saisi. Que les paravents de la bienséance ne réussissent pas à tout cacher, surtout pas la peine. Elle est double ce soir-là. Et, bien qu'adultes, les trois filles de Suzanne l'endurent parce que le chef de famille, empêtré dans une distanciation atavique, certain du bien-fondé de sa décision, les a transformées en statuettes folkloriques, celles de trois petits singes asiatiques obligés de fermer les yeux, de se boucher les oreilles et de se taire.

La raison vaguement avancée pour expliquer cette aberration évoque les traits malmenés de notre mère. J'ai ensuite lu dans ses carnets deux lignes de la main paternelle qui décrivaient juste un « cou légèrement gonflé par la piqûre ».

Je continue à rêver d'elle aujourd'hui, avec le bonheur à double tranchant qu'offre la nuit : ressusciter un être aimé quelques secondes pour mieux le reperdre dans les minutes interminables du réveil. Cela m'oblige à m'interroger sur l'élasticité de la mémoire. Elle se ride comme la surface d'une mer dont les vagues entraînent vers les rivages de ma conscience une écume parfois claire, parfois sombre, jamais en demi-teinte. Il est possible qu'avec le temps, j'ai élevé des murailles aptes à repousser l'évidence : une mère, même adorée, atteint rarement l'idéal qu'on lui confère. Au contraire, le terrain sur lequel reposent mes certitudes a pu se façonner pour laisser s'épanouir d'autres qualités que celles que je lui reconnaissais de son vivant, d'autres attraits qu'elle ne possédait pas. Je me soupçonne parfois d'avoir fait subir un triple lifting à mes souvenirs pour les embellir. Celui que je n'offrirai pas à mon visage. Mourir trop jeune, cinquante-neuf ans, auréole sans doute la disparue d'un halo de douceur désiré, pas toujours avéré.

Elle était brillante et, sur ce point, ma mémoire ne pourra rien changer. Même lorsqu'elle me faisait honte et que j'avais envie de rentrer sous terre chez les commerçants du quartier – « Monsieur Delprat, qu'est-ce que vous avez donné à ma fille hier ? Pas un saint-marcellin en tout cas… Constance, tu as bien demandé un saint-marcellin à M. Delprat ? Hein, Constance ? » – ou à la pharmacie, doublant les quatre personnes qui attendaient et apostrophant Mme Guéguinou qui tentait sans succès un « Madame Guichard, je suis à vous dans deux minutes ».

Même quand elle piquait des colères, elle excellait dans l'exercice et le reconnaissait, surtout lorsqu'il s'agissait de son mari : « Quand il était à l'Éducation nationale, c'était un poste très difficile, j'ai essayé de ne pas faire de colère pendant trois ans. Cela m'a coûté. C'est agréable, ça défoule, c'est merveilleux, les colères. » Elle me fait penser à Ora, l'héroïne de David Grossman dans *Une femme fuyant l'annonce*, dont les esclandres empoisonnent l'atmosphère familiale et ravage ses deux fils. Y compris le plaisir qu'elle y prend et « la douce euphorie qui l'envahissait après ».

Et en même temps, Suzanne rayonne. À la maison, où mes amies m'envient, dans les cinq minutes qui suivent leur rencontre, elle estime les connaître depuis toujours. Dans le triangle parisien du XVIe arrondissement formé de la rue de la Pompe, la place Victor-Hugo et la rue des Belles-Feuilles, au début des années 1960 elle fait se retourner les femmes du quartier offusquées de croiser une telle anarchiste. Elles se scandalisent qu'on ose porter un chapeau bien enfoncé sur la tête pour éviter à des cheveux de friser et qu'on s'affiche en tailleur-pantalon. Cette tenue « garçonne » n'apparaîtra dans ce quartier bon genre qu'à la fin des sixties, après avoir été lancée par Yves Saint Laurent en 1966.

Elle connaît peu les contours de l'anarchie, élevée entre le parc de la Tête-d'Or à Lyon et l'abbaye de Fontenay à Montbard, chef-d'œuvre cistercien restauré par son arrière-grand-père, Édouard Aynard. Fille unique, elle a fait de son cousin Hubert et ses cousines Andrée, Yvonne, Nicole et Annie, le frère et les sœurs qu'elle n'a pas eus, apprenant avec eux la gaieté qui n'a jamais paru régner dans l'appartement lyonnais que j'ai connu, 11, rue Garibaldi dans le VIe arrondissement.

À cette adresse, seul son père Bob, l'officier de cavalerie, a le droit de monter sur ses grands chevaux et de s'exprimer avec la raideur qu'exige son métier.

Suzanne gardera une peur panique de ses éclats, un mimétisme détestable dans sa façon de traiter sa propre mère et un entraînement certain à hurler en cas de mécontentement. Pour des bêtises en ce qui nous concerne : un verre cassé, une lenteur à lui répondre, un réveil tardif. Pour l'essentiel en ce qui concerne son mari : ses absences.

Sa vivacité légendaire m'enchante, comme beaucoup d'autres. Elle m'écrase aussi, moi qui, une heure après une conversation, enrage de manquer de son esprit de répartie et voit la liste des « j'aurais dû répondre ça » s'allonger. Ce trait de caractère lui permet tout, la drôlerie, les répliques, rarement offensantes, toujours affûtées, et les expressions qui, même si elle n'en est pas l'auteur, jaillissent comme si elle venait de les inventer. J'aurais tant aimé qu'elle partage avec mes enfants ses humeurs qui s'étaient adoucies avec le temps, ses obsessions qui bousculaient le quotidien et me réjouissent encore aujourd'hui.

Elle en a eu l'occasion, trop courte, avec les deux aînés, Clémence et Alexis, jamais hélas avec Blanche dont le prénom n'est pas étranger à la passion que nous avions en commun pour la littérature anglo-saxonne. Elle m'avait conseillé le roman de Maurice Baring, *La Princesse Blanche*, dont la lecture m'avait ravie. En 1985, après que j'eus évoqué avec lui le titre de cet auteur oublié du début du XXe siècle, l'éditeur Christian Bourgois a eu la générosité de le rééditer dans le célèbre « Domaine étranger » de sa collection 10/18. Sur l'avant-dernière page, il a fait imprimer « Pour le plaisir de Constance ». Le portrait de femme peint par John Singer Sargent qui orne la couverture mêle à jamais ses traits à ceux de ma dernière fille et de sa grand-mère qu'elle n'a pas eu la chance de connaître.

D'elle, nous avons hérité d'incontournables expressions :

– « Pourquoi se mentir ? » ou « On ne va pas se mentir » précède toujours une vacherie ou une futilité. Exemple : « Pourquoi se mentir ? Richard est un imbécile » ou : « On ne va pas se mentir, il y a longtemps que je n'avais pas mangé d'aussi bons abricots » ;

– « Ne nous montons pas ! » quand la conversation en arrive à envisager le pire ;

– « Alors là, tu vois, c'est un cas » quand quelqu'un nous laisse sans voix ;

– « Ah bon ? » marque l'intérêt quand « Ah bon ! » souligne l'indifférence ;

– « Un petit rien avec des pattes jaunes » se dit d'un tout petit cadeau, employé aussi quand le cadeau est une marque de tendresse plus qu'un vrai présent ;

– « Même pas en rêve » évoque sans équivoque notre totale impossibilité à envisager une chose ou une personne ;

– « Je vais te dire », pléonasme à répétition en ouverture de phrase ;

– « Sans me vanter » pour affirmer n'importe quelle chose sur laquelle on n'a aucune prise. Exemple : « Sans me vanter, il fait chaud » ;

– « Si les petits cochons ne nous ont pas mangés », dérivé de l'expression « Si les petits cochons ne me/te/vous mangent pas » et qui suivait toute évocation de l'avenir, tout projet à plus d'un mois, sérieux comme futile ;

– « Grisant » employé à tout bout de champ.

S'ajoutent quelques commandements auxquels elle tenait et qui forment une Table des lois hétéroclite :

– « Tu donnes des nouvelles à tes grands-parents, et tu en prends, chaque semaine » ;

– « Tu envoies une carte postale dès que tu passes une frontière » ;

– « Tu ne te couches jamais sans t'être démaquillée, quelle que soit l'heure » ;

– « Tu viens m'embrasser quand tu rentres, même à 3 heures du matin » ;

– « Tu ne sors pas le matin, y compris à 6 heures, sans penser que tu peux tomber sur Clark Gable », devenu avec les années Alain Delon, puis Brad Pitt.

Aujourd'hui je suppose qu'elle citerait à ses arrière-petites-filles Timothée Chalamet ou Benjamin Voisin comme le summum de la séduction masculine. Toujours se présenter sous son meilleur jour, je ne lui donne pas tort, on ne perd rien à être propre et coiffée sans un pétard, surtout dans le métro. Mais cette injonction, même si elle m'a longtemps fait sourire, en dit long sur l'éducation que nous avons reçue, sur l'importance accordée aux regards des autres, qui atteint des sommets où il est malaisé de continuer à respirer normalement.

Elle en jetait, ma mère, comme on ne disait pas encore à l'époque, et sa présence a beaucoup fait, dans les premières années de leur mariage, pour rassembler autour d'elle et mon père une bande d'amis qui resteront indéfectibles, quelles que pussent être les relations du couple : ses trois cousines et deux de leurs maris, Robert de Souza, ambassadeur et chargé de la diplomatie au cabinet de Pompidou, et Pierre Billecocq, homme politique plusieurs fois secrétaire d'État, Michel Guy, horticulteur, futur secrétaire d'État à la Culture de Valéry Giscard d'Estaing, Igor Eisner, journaliste, futur inspecteur général de la danse, Yves Jaigu, CEA, Datar et futur directeur de France Culture. Et bien sûr, sa complice d'enfance, Andrée Putman. Ils servaient à tout ce qui va avec l'amitié, parrain, marraine, vacances, brouilles, états d'âme, fêtes, et à l'occasion jeune homme au pair. Comme le jour où, sans m'en avoir averti, ma mère envoie à sa place Yves Jaigu me récupérer à la maternelle. Grand moment de solitude pour lui, tandis que la bonne sœur de l'entrée, qui me voit décomposée, m'entend crier : « Non, c'est pas mon papa, je veux pas ! » Aujourd'hui, je n'aurais pas le temps de finir ma phrase que les chaînes d'info auraient déjà dépêché un journaliste reporter d'images.

Ma mère, jeune femme bavarde et chaleureuse, donne des couleurs à un mari valeureux mais dont les moues successives composées d'un tiers d'ennui, d'un tiers de morosité et d'un dernier tiers de flegme ne font pas de lui un boute-en-train. Un séducteur, oui, ces moues « guichardiennes » produisent des ravages chez toute personne de sexe féminin, depuis au moins deux générations. Yvonne de Gaulle a raison : cet homme est trop libertin.

3

UN SECRET DE POLICHINELLE

« Changement d'herbage réjouit le veau. » Encore un des leitmotivs de ma mère qui aurait trouvé place dans la liste de ses incontournables. Elle balance son proverbe berrichon préféré à la cantonade lorsqu'une aventure de mon père fait surface, au propre comme au figuré, y compris au milieu d'une assistance qui lui est peu familière. Elle met ainsi les rieurs de son côté, elle qui en a l'habitude. À la fois de faire s'esclaffer les gens présents – quiconque la connaît sait à quelle vitesse peut démarrer son esprit de répartie – et que lui arrivent aux oreilles les supposées ou non conquêtes de son mari. La légèreté affichée avec laquelle elle brave les faits trompe les sots qui méconnaissent son degré de tristesse.

L'habitude, il semblerait qu'elle ait dû la prendre assez rapidement après son mariage, et au lieu d'y associer la lassitude qui fait de vous une héroïne en 3D, démolie, déprimée, divorcée, elle a choisi la voie contraire.

Ils affirment d'une même voix : « On ne divorce pas, ça tuerait nos parents. » Il a bon dos, le rempart familial, le même qui a vu, sans se fissurer, beaucoup de ses petits-enfants se séparer. J'imagine plutôt la pression sociale des années 1960-1970, le fait que ma mère ne travaille pas, que mon père ne roule pas sur l'or, comme on dit, et qu'il lui aurait été impossible de pourvoir aux dépenses de deux foyers. Plus cynique, son besoin de séduction s'accommode de pouvoir expliquer à une amie – quand Olivier est avec une autre – l'obligation qu'il a de rentrer en voir une troisième, son « épouse ». Un divorce l'aurait replacé dans une situation qui ne lui a jamais convenu, la monogamie.

L'arrangement imposé par la vie que souhaite mener mon père s'est transformé en un *modus vivendi* qui leur sied à tous les deux, d'autant que ma mère s'émancipera aussi de ses obligations d'épouse.

Prisonniers de leur mariage qu'ils ne veulent pas rompre, ils se sont inventé une liberté conditionnée par leurs familles, leur éducation, leur milieu. Un confort de pièce de boulevard, rien de très original ni de très glorieux. Certaines particularités régissent leur contrat : s'il est à Paris, mon père rentre dormir à la maison, dans une chambre séparée, ce qui explique qu'il leur ait toujours manqué une chambre pour « les filles », envoyées en pension à tour de rôle ; chacun passe ses vacances où il veut, excepté une semaine commune autour du 15 août en Bretagne, où on en profite pour convier journalistes et photographes de presse qui immortalisent le tableau. Ma mère accompagne son mari dans toutes sortes de réceptions officielles, dîners avec les chefs d'État étrangers, inaugurations de paquebots, arrivée du premier TGV en gare de La Baule et divers concours de beauté, de bébés ou de châteaux de sable en passant par les vieilles voitures.

Écrire qu'une telle « liberté » me perturbe relève de l'euphémisme. Cette troublante façon de grandir et de se construire trimballe son lot d'incertitudes, inconscientes donc inexprimables. Et parfois de certitudes que personne ne vient contredire : tous les couples vivent sans doute comme ça. Les trois filles ont réagi chacune à leur manière, avec des réussites diverses, des réussites néanmoins.

Je n'en ai jamais parlé avec ma mère. Elle a longtemps été folle de son mari, mais j'ai souvent entendu son chagrin, sa colère et son envie de le faire payer. Autant de moments qui ont bouleversé mon enfance et m'ont aidée à apprécier, plus que je ne l'aurais imaginé, mes années de pensionnat, puis à m'échapper très jeune de chez moi.

Il existe et il existera toujours, en politique et ailleurs, des conformistes aux unions bancales, destinés et décidés à sauvegarder les apparences, à vivre comme au XIXe siècle. Une aberration aux yeux des femmes d'aujourd'hui. Sur le moment, ça ne l'est pas pour moi.

Je ne peux ou ne veux rien voir qui pourrait fragiliser ce cordon de sécurité que j'installe autour de moi, qui délimite l'espace étriqué où je grandis. J'ingurgite la façon de vivre de mes parents sans broncher. Rien de ce qui se passe ne me défrise, hélas ! et je n'ai pas l'idée d'interroger quiconque puisque tout me paraît normal.

Cet ersatz de sérénité existe sans aucun doute grâce à ma sœur Malcy, ma meilleure et seule alliée. Extravertie, contrairement à moi, protectrice et bienveillante, elle me tient la main lorsque je n'arrive pas à m'endormir, elle est l'épaule qui me rassure, l'arbre qui me cache les ombres de la forêt. Jusqu'à ce qu'elle parte en pension. Elle-même a passé une partie de son enfance chez nos grands-parents au troisième étage d'un immeuble dont nos parents occupaient, par éclipses, le rez-de-chaussée, mais elle les a connus amoureux, me dira-t-elle plus tard. Elle a donc imprimé à vie une image de leur couple plus équilibrée que celle que je développe. À son contact, je me l'approprie.

C'est certainement ce qui lui permettra de rester proche de notre père, avec une connivence, des goûts partagés et une affection que rien ne viendra jamais troubler. Les psychologues de comptoir ajouteraient que l'image paternelle intacte l'a fait s'attacher, après son divorce, à des hommes plus âgés qu'elle, Jean d'Ormesson notamment. Je laisserai Œdipe là où il se trouve, pariant plutôt sur leurs nombreux charmes communs, ceux en particulier dont j'ai pu faire l'expérience, le plaisir de vivre et l'insolente gaieté.

J'ai sept ans quand Malcy commence sa période d'internat, j'en aurai douze à son retour et je partirai la remplacer chez des bonnes sœurs. Ces cinq ans constituent mon big-bang émotionnel.

Ma plus jeune sœur, Aline et ses années de différence avec moi, est une toute petite dernière. Malcy, ma référence, est loin, et je me prends les relations parentales en pleine tête, de l'absence glaçante de l'un à la présence volcanique de l'autre. À force de chauds-froids, de condensation et de dilatation, je date de cette époque l'explosion de mes repères et l'éclosion d'une fragilité qui ne me quittera plus. Sans en montrer grand-chose selon ma bonne habitude, ce qui n'alerte donc personne. De toute manière, la psychanalyse n'a pas droit de cité dans ma famille comme dans beaucoup de familles bourgeoises des années 1960, alors ne parlons pas de la pédopsychiatrie… Françoise Dolto n'éveillera vraiment les parents qu'à la sortie du retentissant *Lorsque l'enfant paraît* en 1977.

Je regrette moins mon inertie à m'exprimer que celle de ma mère à m'en sortir. Elle en fait durant trop longtemps un sujet de plaisanterie familiale, tant il est aisé de remarquer les clignotants rouges que j'affiche lorsque l'attention se porte sur moi. J'en garde une propension certaine à faire du prosélytisme concernant la consultation précoce de thérapeutes. Là où un mal-être enfantin pris suffisamment tôt peut se régler en quelques séances, il faudra des mois ou des années quand il est traité à l'âge adulte. Encore aurait-il fallu que ma mère s'y intéresse et l'identifie.

J'emploie l'expression, inappropriée s'il en est, « relations parentales » pour ce qui ressemble, lorsqu'ils sont seuls tous les deux, à une guerre de tranchées, profonde et qui ne verra jamais de vainqueur. Elle durera jusqu'à la disparition prématurée de ma mère. Mon père écrit avoir pleuré ce jour-là, je le crois. Jean de Boishue, présent dans son bureau, me le confirme. Collaborateur le plus proche d'Olivier Guichard, il sera député-maire de Brétigny-sur-Orge et secrétaire d'État à l'Enseignement supérieur dans le premier gouvernement Juppé.

Les moments d'apaisement se comptent sur deux doigts d'une main, lors des séjours chez mes grands-parents paternels qui nous accueillent avec générosité durant les vacances de Pâques et l'été. Auprès d'eux, ma mère a trouvé une vraie famille au sein de laquelle elle apporte son humour et sa gaieté, et qui le lui rend bien. Lorsqu'ils prennent leurs quartiers dans le Bordelais, elle leur écrit toutes les semaines, à l'un ou à l'autre, égrenant mille détails pour les distraire, ce que leur fils Olivier n'a pas le temps de faire.

Avril 1962. Le Premier ministre Michel Debré vient de démissionner, en désaccord avec de Gaulle sur des élections anticipées. Georges Pompidou le remplace et, étant donné les liens qu'il entretient avec Olivier Guichard, le nom de notre père circule comme un possible entrant au gouvernement. Ma mère écrit : « Ne croyez pas trop ce que les journaux peuvent dire à propos de votre fils. “L’homme propose et le Général dispose” et je crois qu’il ne veut pas que des gens comme Joxe ou Olivier chargés encore de postes en rapport avec l’Algérie quittent leur place pour l’instant (jusqu’à l’autodétermination) ». Juillet 1962 : « Ce matin, Matignon était triste et froid, presque automnal pour recevoir ce “charmant” Adenauer auquel Georges offrait un petit déjeuner et, comme dit Olivier, où “pour une fois, toutes les femmes présentes étaient bien” ». Juillet 1969, leur fils vient d’être nommé au ministère de l’Éducation nationale dont il ne rêvait pas : « … cocktails obligatoires où j’ai été obligée de me montrer, les gens trop heureux de se jeter sur la femme d’un héros sacrifié sur l’autel du civisme ».

Même si, à lire la réflexion de mon père, je parierais qu’il considère « toutes les femmes présentes » comme des pots de fleurs – colorés, décoratifs et prêts à emballer –, je remarque qu’en 1962 les conjointes de ministres sont conviées au petit déjeuner à l’Hôtel Matignon avec le chancelier d’Allemagne, Konrad Adenauer, lors de sa visite officielle en France.

Certes la plupart ne travaillent pas, elles sont là en tant que « femme de », et il est probable qu’aucun homme ne leur a adressé la parole. Ce qui ne les a pas empêchés de la prendre, pour peu qu’elles ressemblent à ma mère. L’incongruité du rendez-vous matinal associée à la raideur supposée d’Adenauer et à l’état des relations franco-allemandes encore vacillantes me fait hésiter sur l'origine de l'initiative : la réflexion d'un membre du cabinet du Premier ministre, dont l'esprit belliqueux n'a d'égal que le machisme – « Ah, on va lui montrer, à l'Allemand, à quoi ressemblent les petites femmes françaises ! » – ou une volonté de Georges Pompidou lui-même, le couple étant à ses yeux une entité respectable et enrichissante ? Ainsi vit-il le sien en tout cas. Quand on sait que cette année-là, 1962, il n'y a aucune femme ministre ou secrétaire d'État dans le gouvernement en place et qu'elles sont huit à siéger au Palais-Bourbon, le chiffre le plus faible depuis la fin de la guerre, félicitons-nous, en 2022 et pour plusieurs raisons, de nous retrouver 224 dans l'hémicycle. La parité a gagné là où la politesse des gouvernants s'est émoussée.

Le drapeau blanc sort pour une autre occasion, plus remarquable, lorsque mes parents se retrouvent à la maison en compagnie de Roger Frey, ami et compagnon de RPF de mon père. Leurs conversations sont très politiques et ma mère est souvent leur fer de lance. Les couples Frey et Guichard ne se quittent pas depuis 1947. Roger devient au milieu des années 1950 l'amant de ma mère. S'éprendre du meilleur ami de son mari ou de la femme de son meilleur ami : un sacré cliché. Les mariages finissent généralement par se désagréger ou l'aventure par cesser. Il n'en sera rien, l'accommodement durera jusqu'à la mort de maman. Roger reste l'autre homme de sa vie, le seul, ai-je envie de préciser, comparé aux nombreuses femmes qui ont traversé celle de mon père.

Une d'entre elles les lui pardonnera toutes et l'épousera après plus de quarante ans d'attente : Daisy de Galard. On pourrait se croire dans une pièce de Feydeau avec les portes qui claquent. Il n'en est rien et on est bien loin du délicieux batifolage filmé par François Truffaut dans *Jules et Jim* : au 12, avenue Bugeaud, les couples sont mariés avec enfants. La légèreté apparente est pourtant de mise entre eux. Les parties en présence s'en satisfont et ne paraissent pas se soucier des dommages collatéraux qu'un tel consensus peut déclencher dans les trois familles concernées. Journaliste dans les années 1970 au *Nouvel Observateur* avec Hector de Galard, son ami Bernard Guetta m'a raconté à quel point le mari de Daisy en avait souffert. De même, j'apprendrai par une belle-fille de Roger Frey les tensions familiales que déclenchait leur histoire.

Concernant leurs trois filles, mes parents auraient eu tort de s'en préoccuper : aucune ne pose de questions à ce sujet ou très tardivement après qu'une des parties prenantes, la plus impliquée, eut disparu. Malcy, l'aînée, parce que plus aguerrie, Aline, la benjamine, parce que plus préservée et moi, coincée entre les deux, parce que le rôle d'autruche m'a attirée très tôt pour ne plus me quitter. L'honnêteté m'oblige à écrire que, sans autre modèle parental sous les yeux jusqu'à un certain âge, j'ai pris le spécimen comme argent comptant. Le tout petit monde parisien, politique, journalistique et mondain, lui, s'est amusé de ce secret de famille vite transformé en secret de Polichinelle.

Ma mère semblait heureuse, ces moments suffisaient largement à mon bonheur. S'il m'est arrivé, jeune, de prendre parti ou de juger mes parents, je m'en garderais bien aujourd'hui où les années m'ont confirmé l'insondabilité des cœurs, la difficulté à pérenniser le couple et la complexité des relations entre les êtres.

Juger le comportement des femmes des années 1960 à l'aune des décennies suivantes, 1990, 2000 ou 2020 serait tout aussi présomptueux. Si nous avons pu voter dès 1945, il nous a fallu patienter jusqu'en 1965 pour travailler sans l'accord de notre mari, et ouvrir un compte bancaire. Et 1967 pour que la pilule soit autorisée en France. L'IVG, interruption volontaire de grossesse, attendra 1975. Mes parents ont connu cet autre monde, ce qui explique leur comportement.

4

LES MOUSQUETAIRES DU GÉNÉRAL

« Il fait quoi comme métier, ton papa ? » me demandent mes copines en primaire. Je rêve d'une réponse simple comme « garagiste » ou « docteur », qui tranquilliserait leur imagination tout en me situant dans un cadre qui leur parle. À l'instar de ce que j'écris sur la fiche qui permet à la maîtresse de mieux connaître ses élèves en début d'année, je réponds : « Il travaille avec le général de Gaulle. » À cet âge, je ne sais pas en quoi consiste son rôle, et pourtant, même s'il avait astiqué les étoiles de son képi, le sésame reste le même. À l'époque, comme Jésus, les hommes qui dirigent la France, ou semblent promis à la diriger, marchent sur l'eau. Les foules se déplacent pour apercevoir l'homme du 18 Juin. Mon père passe treize ans, de 1947 à 1960, au plus près de lui. Il raconte ainsi sa première rencontre avec le Général à Michèle Cotta et Georges Suffert pour le magazine *L'Express*, en 1970 : « Le Général, lorsqu'il rencontrait un garçon de vingt-sept ans, ne se montrait pas spécialement expansif… Je ne l'étais pas non plus. Alors, à nous deux, ça a dû faire un beau silence. »

Ses plus belles années ? Je l'ai longtemps cru, aidée par la légende selon laquelle la vénération des gaullistes pour « le Grand » était sans limites. « Des amoureux », écrit-il pour qualifier cette relation hors norme. Et l'hôtel particulier du 5, rue de Solferino qui accueillait ses bureaux durant la traversée du désert ne représentait rien de moins que la grotte de Lourdes dont mon père dit avoir été « une espèce de portier ». Après avoir lu ses carnets, je pense que ces années furent exaltantes et fondatrices, heureuses d'un certain point de vue. Il est entré en politique comme on entre au monastère, conscient du côté sacrificiel de ses engagements, « La politique est une sorte de religion, il faut en attendre les satisfactions qu'elle peut vous donner, pas plus. » L'exigence et une forme d'ingratitude de la part du Général ont fait pencher la balance vers le « pas plus ».

Beaucoup de raisons furent avancées concernant son attitude vis-à-vis de mon père auquel il accorda peu de reconnaissance officielle, quelle que fût l'époque. Les courriers et l'exemplaire dédicacé des deux premiers tomes de ses *Mémoires* entre 1956 et 1958 relèvent du privé. Comme le tapotement d'épaule auquel il eut droit lors d'une promenade à La Boisserie, accompagné d'un « Vieux Guichard » qui lui fit l'effet d'une déclaration d'amour passionnelle. Il a trente-sept ans, il est transporté, « Je n'ai jamais franchi ces quelque quinze kilomètres de la montée vers Colombey sans que mon cœur ne batte un peu plus vite. » Il cherche la possibilité d'une affection chez son mentor et, comme tout amoureux avide d'en trouver, il triture, il ressasse, il retourne dans tous les sens la plus infime des manifestations, verbales ou gestuelles, venant du grand homme jusqu'à ce qu'elle s'accorde à ses sentiments.

Ingrat, le Général ? Des journalistes comme Philippe Alexandre ont constaté sa propension à privilégier la France, pas ses hommes et encore moins ceux qui l'entourent. « Le Général se soucie peu d'assurer le confort de ses collaborateurs. » Loin de moi la tentation de le faire parler ou même de lui attribuer quelques pensées. Il a d'ailleurs dit un jour à mon père : « Tout ce que je n'écris pas, je le renie. »

Pourtant, lorsqu'on reprend le déroulement des événements qu'ils vécurent si proches l'un de l'autre et si lointains, certaines évidences prennent corps. Incertain quant à son retour au premier plan et, dans ce cas, redoutant de devoir s'enterrer dans le silence de La Boisserie, de Gaulle a traversé de nombreux moments de doute et d'abattement, le rendant peu enclin à se pencher sur les états d'âme d'autrui. Alors ceux de Guichard, si jeune, qu'il « faut tenir serré » comme il le glissera à Pompidou, qui a la chance de côtoyer celui qui écrit l'histoire de France et d'y participer à sa façon, est le dernier de ses soucis.

Il ne fait pas bon non plus être le compagnon des heures sombres, l'acolyte des petites besognes, le témoin de services rendus. Ainsi va la vie des couples. Pierre Viansson-Ponté l'explique bien : « Si tout simplement l'aimable baron girondin avait fini par déplaire pour avoir trop longtemps plu quand les courtisans étaient rares et la cour dépeuplée ? » Et pourtant, le Général dira à Georges Pompidou en novembre 1958 : « Guichard n'est rien, il faut qu'il soit quelque chose. » Belle idée ! De Gaulle va être élu président de la République le mois suivant, mettant ainsi fin à l'emploi de mon père. Auprès de lui, il gagne 30 000 francs de l'époque, l'équivalent d'un Smic actuel. Il a maintenant trois enfants et ma mère ne travaille pas. Nous ne manquons de rien, mais sa nomination à l'Élysée comme conseiller technique au secrétariat général chargé des Affaires politiques tombe bien sur tous les plans, financier certes, mais surtout politico-géographique : il est au cœur de la machine.

Avec quelques autres, ils forment un clan, ne sont pas cités comme tels dans les livres d'histoire mais désignés sous le nom de « barons du gaullisme » dans les années 1960 par les journalistes du *Nouvel Observateur*. Un nom qui leur survivra. « Une chevalerie », écrira l'ancien Premier ministre Jacques Chaban-Delmas. La référence à la légende du roi Arthur pourrait faire sourire si l'ardeur déployée par Michel Debré, Jacques Chaban-Delmas, Roger Frey, Jacques Foccart et mon père n'avait pas égalé celle qui transfigurait les chevaliers de la Table ronde. Et de table il est question puisque leurs déjeuners du mercredi – 268 en vingt ans – deviendront célèbres. Georges Pompidou les rejoindra rapidement après leur installation.

« Ils étaient attendus par chacun d'entre nous avec une certaine impatience. En plus du plaisir de nous voir et de constater que nous étions, ou que nous n'étions pas, d'accord, nous en profitions pour régler certaines affaires et leur règlement trouvait sa légitimité dans notre collégialité. Je crois pouvoir dire sans jeu de mots que l'intérêt général était celui du Général », écrit mon père dans un cahier destiné à raconter son engagement à ses enfants et petits-enfants.

Leurs adversaires furent nombreux, et pour cause : on ne porte pas à bout de bras ni ne gouverne le pays durant onze ans, sans conséquences ni se faire quelques ennemis. Un des plus virulents et un des meilleurs connaisseurs de la décennie, le journaliste Pierre Viansson-Ponté, tout en enterrant les barons dans une chronique du journal *Le Monde* en décembre 1974, soulignera : « S'ils n'étaient pas sans défauts, il faut leur reconnaître une qualité rare, le sens du service public, le sens de l'État ».

Les barons ont peuplé mon enfance et forgé mon histoire. Quand j'étais petite, la bande me faisait l'effet d'une mafia, de parrains cachés derrière leurs lunettes noires, mon père, Foccart et Frey surtout. Une bonne raison à cela, d'innombrables clichés d'eux envahissent les albums au retour de tournées en Afrique noire, en Polynésie… Partout où le Général voyage pour s'assurer de ses soutiens et les rassurer, pour tromper le temps et affermir sa popularité tandis que s'étiole la IVe République.

Mon père aurait dû mettre en pratique son rêve abandonné de publier son journal, ses « cartes postales » manuscrites à l'encre bleu nuit identique à celle qu'a toujours utilisée son propre père. Sur de hautes pages à petits carreaux du cahier qui ne le quitte pas s'alignent les descriptions journalières des lieux traversés, des personnes rencontrées comme lors de ce mois de mars 1953 où, durant vingt-huit jours, il accompagne de Gaulle sur le continent africain.

Florilège : 6 mars, 7 heures, aéroport de Dakar : « J'annonce au Général la mort de Staline et il rédige le télégramme à Pavlov qui ne plaira pas à tout le monde » ; 16 mars, Fort-Archambault au Tchad (aujourd'hui la ville de Sarh) : « Le Général déclare à Frey, “Foutez-moi la paix avec votre RPF”. Frey refuse de venir dîner chez l'administrateur général » ; 5 mars, 5 h 30, dans le Constellation : « Le Général prétend ne pas avoir dormi – en réalité il a tout de même un peu ronflé. » Mercredi 18, Bangui : « Réflexion d'un Tchadien après le discours du Gal, “Li Général il a dit qu'il fallait s'y tenir la main dans la main – comme ça, c'est bien : li blanc i pourra plus nous taper dissus” ; mercredi 25, Douala au Cameroun : « La soirée est assez élégante… c'est là que le Général s'asseyant à une table demande à une jolie reine, “Alors, Madame, qu'est-ce qu'on fait à Douala quand on veut s'amuser ?”… elle n'est pas prête de s'en remettre » ; dimanche 22, ex-Congo : « Verre chez le général X qui a une jolie villa, une jolie fille de 18 ans et un très joli officier d'ordonnance » ;

mardi 24, Port-Gentil au Gabon : « Port-Gentil est un aimable bordel – dirigé par un aimable administrateur qui a passé 15 ans aux Kerguelen et semble destiné à ne plus s'étonner de rien après cette aventure. »

Le continent africain pour moi, mis à part les souvenirs rapportés lors de voyages dans les pays d'Afrique noire, s'est longtemps limité à sa partie la plus au nord, en particulier l'Algérie et le Sahara algérien, lieu de prédilection des déplacements paternels durant ce qui me parut une éternité. J'en entends parler dès mon plus jeune âge. Pendant « la traversée du désert » d'abord, expression ancrée dans les livres d'histoire pour qualifier ces années interminables qui vont de 1951 à 1958, où il seconde le Général. L'Algérie est si associée à l'histoire française à cette époque-là qu'à la Foire de Paris de 1958, la grande attraction est la reconstitution d'un camp pétrolier au Sahara.

Puis, lorsque mon père est délégué général à l'Organisation commune des régions sahariennes (OCRS), dans les années 1960 à 1962, je collectionne les roses des sables comme d'autres les ours en peluche, et les caisses de dattes en branche régalent nos fêtes comme le font les Pères Noël en pain d'épices au sein d'autres familles. Tamanrasset, Colomb-Béchar, Djanet, Ghardaïa, Ouargla, les montagnes de l'Assekrem où le père de Foucauld avait son ermitage, autant de lieux aux noms exotiques dont les accents coloniaux ne m'atteindront que beaucoup plus tard. Dans les années 1960, le Hoggar me fait rêver comme pourraient le faire les romans de Jules Verne et d'Alexandre Dumas que je ne lis pas. Fantasme inassouvi, il semble devoir le rester au vu de la mainmise sur la région des armées d'Al-Qaïda au Maghreb islamique.

La question de l'autonomie algérienne met le feu aux esprits en 1954 lorsque les partisans de l'indépendance, Front de libération nationale (FLN), ouvrent les hostilités contre l'empire colonial français. En mai 1958, après quatre ans de guerre, je saisis pour la première fois qu'il se passe quelque chose dans ce pays qui s'inscrit dans mon quotidien. J'ai six ans et je ne comprends pas quoi. L'ampleur du problème qui divise les deux côtés de la Méditerranée se résume pour moi aux conciliabules étouffés par le rideau de velours bleu séparant l'entrée du salon dans l'appartement des parents. Le club des cinq barons, plus masculin que les personnages d'Enid Blyton dont les aventures me passionneront, complote avenue Bugeaud. Ils n'ont plus d'heure, et pour cause : de Gaulle attend la sienne et le Comité de salut public se met en place à Alger avec le général Massu à sa tête. Le volcan algérien restera en ébullition jusqu'aux accords d'Évian en 1962 qui acteront l'indépendance du pays, mais pas la fin des morts.

Le droit du peuple algérien à l'autodétermination est loin de faire l'unanimité en France et dans leur groupe. Michel Debré est contre quand Olivier Guichard avoue qu'il n'est pas « un fanatique de l'Algérie française ». Ils se retrouveront en désaccord sur la régionalisation des années après. Ils se rejoignent pourtant sur cette « certaine idée de la France » qui ne les quitte pas. Mon père, une fois encore, empruntera une parabole religieuse pour l'expliquer : « Il y a quelque chose d'évangélique en nous ; nous appartenons au même troupeau ; et il est sans importance que, parfois, les brebis se heurtent le front. »

Ce mois de mai 1958, les légumes sont introuvables ou bien se vendent au marché noir, conséquence d'un dérèglement de la météo – été en février et neige en avril. On nage en pleine crise gouvernementale, le président Coty ne réussit pas à former un gouvernement. Toutes les personnes qu'il approche se récusent. Les pétitions demandant le retour de De Gaulle parviennent à l'Élysée depuis différentes régions françaises, mais ceux qui crient « de Gaulle au pouvoir » lors d'une cérémonie à l'Arc de triomphe sont arrêtés. L'histoire s'écrit sous mes yeux, et je n'y comprends rien. Ma grand-mère maternelle non plus. Nous sommes seules avec elle un soir, comme souvent mes parents ne dînent pas là, et nous regardons sans doute *La Piste aux étoiles* qui donnera au cirque ses plus beaux scores télévisuels durant des années. Mon irrésistible « Mammy » a pris ses quartiers à Paris depuis plusieurs semaines ainsi qu'elle en a l'habitude, tant pour se faire des vacances près de sa fille que pour se soulager de la maniaquerie de mon grand-père, à moins que ce séjour ne le débarrasse, lui, de la rêveuse philosophe qui partage sa vie à Lyon. J'ai trouvé dans une lettre qu'elle écrit à ma mère cette phrase qui la résume si bien : « Les Aynard [sa famille] se plaisent à l'abstraction et l'idée pure et sont menés dans l'existence par elles. »

Durant la soirée, son goût pour l'abstraction va donner sa pleine mesure. Le téléphone ne cesse de sonner et le « Aaaaaaaaallllllllôôôôôô » sans fin qui la caractérise doit en agacer plus d'un. Elle note les appels sur un papier qu'elle pose ensuite sur l'oreiller de mon père avec son annotation personnelle. Il lit cette nuit-là le message suivant : « Cher Olivier, appels de messieurs Frey, Foccart, Chaban-Delmas, Debré… ce sont sûrement des noms d'emprunt. » L'anecdote fera le tour de Paris.

C'est dire dans quelle ambiance je suis plongée. Le couple franco-algérien entame une procédure de divorce, 57 millions d'âmes confondues s'empoignent sur les modalités, chacun a un avis dans cet après-guerre qui s'éternise, les Français mettent les bouchées doubles pour s'en sortir, et l'homme qui a préservé leur dignité attend le pouvoir. De Gaulle engage le destin de l'Algérie en quelques semaines, et le sien aussi. Depuis sa retraite de Colombey, loin de Paris et d'Alger, tenu au courant heure par heure de ce qui se fait et se défait entre deux avions, il laisse les hommes imaginer et l'incertitude planer. Ce que ne manque pas de relever l'historienne Georgette Elgey : « Un modèle d'ambiguïté, le recours à des procédés non démocratiques pour établir un régime démocratique stable. »

Il entretient l'équivoque, ses collaborateurs aussi et l'armée y entend ce qu'elle désire. Acclamé par les Algériens lorsqu'il déclare « Je me tiens prêt à assumer les pouvoirs de la République », le Général propose, deux jours plus tard lors d'une conférence de presse, « d'être utile encore une fois directement à la France ». Annonces diversement appréciées comme le titre en France *Le Populaire* : « Que de Gaulle reste dans son village », ou à l'étranger la presse moscovite : « Le général de Gaulle a approuvé le putsch militaire-fasciste ».

Pour mon père, comme il l'expliquera en 1977 à l'historienne Odile Rudelle, il s'agit du tempérament même du Général : « De Gaulle n'a pas planifié sa politique algérienne. Ce n'était pas à proprement parler un homme de calendrier… il prenait la situation comme elle venait, et puis il modifiait ses décisions selon l'évolution des choses. »

Pour Pierre Mendès France, « c'est parce que le Parlement s'est couché qu'il n'y a pas eu de coup d'État », contrairement aux déclarations de François Mitterrand qui y verra peu après un « coup d'État permanent ». Les antigaullistes pullulent. Qui le croirait aujourd'hui, où élus de tous bords revendiquent un morceau de la vraie croix, celle de Lorraine, choisie d'abord comme emblème de la France libre, durant la guerre, puis naturellement du mouvement gaulliste. Une réplique géante a été érigée à côté de Colombey-les-Deux-Églises, au grand étonnement du Général qui, entendant parler du projet, soupira et ironisa auprès de mon père : « Elle incitera les lapins à la résistance. »

Les livres de Georgette Elgey, en particulier *De Gaulle à Matignon. La République des tourmentes*, me permettront d'avancer dans ce puzzle si compliqué, longtemps après. Pas de comprendre ce qui se passe alors dans ma tête. Ils n'auront pas plus le pouvoir de m'éclairer sur le poids que ces jeunes années feront peser sur les suivantes.

Pour le moment, je me laisse bercer par les mots et les intonations des discussions qui se déroulent jour et nuit non loin de ma chambre d'enfant. L'enthousiasme et la ferveur qu'y mettent les « barons » distillent de l'électricité dans l'air, et les prénoms Jacques, Roger, Michel, tels des alcools dont je n'imagine pas encore la force, m'enivrent. Ils me montent à la tête, auréolés d'images en noir et blanc que diffuse notre petit poste de télévision carré.

Ils sont les Mousquetaires et Ivanhoé, Zorro et Steve McQueen dans *Au nom de la loi*, Robin des Bois et l'Eliot Ness des *Incorruptibles* réunis. Une liste de héros à la hauteur de ma fascination pour les dirigeants de l'époque. Embellie ? Qui sait. Ces hommes de convictions ont créé le socle sur lequel repose le gaullisme dont tous et toutes se réclament encore, soixante-dix ans plus tard. Ils ont imaginé redonner à la France d'après-guerre sa légitime puissance, ils ont réussi.

Je suis alors éperdue d'admiration pour ceux qui ont vécu la guerre, ont su la terminer puis surmonter les difficultés, faire des choix, se mettre au service d'un seul homme avec les paris et les contraintes que cela entraînait. Ils m'éblouissent, tous défauts mis à part puisque la seule chose que je m'autorise à leur attribuer, ce sont des vertus. Inconsciente qu'à mon âge, je devrais partir à la recherche des miennes. Je suis aussi perdue par cette même admiration, concentrée sur les personnages du roman dans lequel je vis, je m'oublie dans mes silences, ma confortable transparence. Mes œillères de cadette limitent ma vision à l'évidence : je suis née et je grandis au cœur de l'histoire, la seule ligne de mire à ma portée, la seule lignée à ma connaissance. Un état d'ébriété infantile dont, plus tard, je mesurerai le manque.

Et vogue la galère dans laquelle je m'enferme, rien ne venant m'en détourner. Ni ma scolarité sans histoires, ni l'éducation artistique, inconnue avenue Bugeaud, pas plus de sport pour m'aérer l'esprit. Les trois brasses dans la piscine municipale de Libourne et sur la plage de Pen-Bé en Loire-Atlantique, et les baignades dans l'Ain lors d'étés chauds-bouillants ont effacé à jamais de mes futurs CV la ligne « Sports pratiqués ». Seule la passion de ma mère pour la littérature anglo-saxonne permet, entre autres, aux héroïnes de la romancière anglaise Nancy Mitford, les sœurs Radlett, de distraire mon adolescence, et aux romans de Henry James de canaliser mes émois naissants.

J'en suis certaine, mon père, comme les autres « barons », fait le plus beau métier du monde. Avides d'images tutélaires à admirer pour grandir, tous les enfants le pensent. Et comme eux, éblouie, doutant d'approcher un jour le nirvana supposé, je déniche en attendant des demi-dieux dans mon entourage qui offre une galerie de personnages aisés à transformer en icônes. Ainsi en sera-t-il de ma maîtresse de dixième, adorable, de mon maître de neuvième qui me subjugue, de l'idéal prof de caté ou encore de l'irrésistible épicier en bas de la maison, tous ceux qui, à cet âge, permettent d'embellir le train-train quotidien. Sans parler des idoles comme Joe Dassin – malgré son regard fuyant –, propres à orner les murs de ma chambre lorsque le magazine *Salut les copains* en fait un poster central et à alimenter en rengaines mon mange-disque orange.

Le même a vu passer tous les « yé-yés » de l'époque. Françoise Hardy, « *Tous les garçons et les filles de mon âge…* », et Christophe, « *Elles sont jolies les marionnettes* », résonnent en priorité dans ma chambre. Contre toute attente, c'est Enrico Macias qui me prendra dans ses bras des années plus tard, à Ker Olivier, lors de cette fiesta UDR où je pourrai admirer, mieux qu'en poster, mes héros préférés.

5

L'AMBITION AUTREMENT

On me rapatrie de pension en juin 1968 pour effectuer mon année de terminale à Paris, à l'inverse d'autres parents qui envoient leur enfant en internat afin de s'assurer un baccalauréat sans faux pas. L'important est de ne pas déranger. Je ne déroge pas à la règle même quand une décision familiale s'avère incompréhensible.

Je n'ai pas vécu les « événements » de Mai, enfermée en forêt de Compiègne. Juste enregistré l'agitation, la rébellion. Le calme est revenu en septembre. Seule explication à cette aberration : un lit s'est libéré avec le départ de Malcy, mariée, et la benjamine, Aline, à dix ans, se sent un peu seule. Moi-même, lorsque je partirai trois ans plus tard, je serai remplacée par un teckel à poil dur que ma mère qualifiera d'« émotif-passif-secondaire », mon portrait craché. Il saura prendre sa place, et la mienne par la même occasion sans que mon amour-propre en souffre, contrairement aux voisins : il aboie sans cesse tandis que je continue à me murer dans le silence.

Ma plus jeune sœur échappe à l'internat auquel les deux aînées ont eu droit malgré une scolarité dans les normes. Une question de mètres carrés, comme je l'ai longtemps pensé ? Pas dans ce grand appartement. Plutôt un passage de relais à des éducatrices responsables et compétentes de la part de parents qui ont peu de temps à nous consacrer. J'en ai fait bon usage, trouvant dans cet enfermement imposé la liberté qui me manque, grâce à la vie en communauté, aux chambrées de quatre filles si bien adaptées aux gloussements de rire, aux feux de camp à tenter de faire cuire trois pommes de terre, aux tubes de lait concentré sifflés en cachette.

Et, consécration pour l'empotée que je suis, la nomination comme chef d'une équipe de sept filles, les Bouvreuils, avec le devoir de crier haut et fort lors de rassemblements : « Bouvreuil ouvre… » en attendant qu'elles me répondent « … l'œil ». Un challenge à ma hauteur ! Un petit bouvreuil, un grand pas pour moi.

Durant quatre ans, mère Jeanne, Mme Marquigny et Mme Bourcereau sont ma famille, plus présentes que la mienne, biologique, dans laquelle nous sommes élevées comme trois filles uniques. Nous n'avons jamais vécu ensemble sous le même toit sauf pour de courts moments, des vacances, des week-ends. En 1958, à la naissance d'Aline, j'ai six ans et Malcy part en septembre en pension. Quand elle en revient, c'est à mon tour d'y aller pour plusieurs années. À mon retour, en 1968, elle vient, comme je l'ai dit, de se marier. Les soirées passées à me tenir la main le temps que je m'endorme ont dû compter triple, nous ne nous quitterons plus.

En attendant, l'assurance que je prends petit à petit au fond de la forêt de Compiègne comme pensionnaire me pousse à débloquer suffisamment pour rester collée des mois entiers sans rentrer chez moi. Les week-ends parisiens se font rares.

Rien ne vaut pourtant ceux qui coïncident avec un dimanche d'élections. Ah, les soirées électorales, législatives et présidentielles ! Elles sont épisodiques mais, même après être partie du domicile familial, je n'en manquerai pas une. Elles s'apparentent à la fois au bal du 14 Juillet et à celui des débutantes, l'excitation, le bruit, l'attente, et le plaisir d'en être, de la fête. Une rareté dans cet appartement, dont il faut profiter. Non qu'il fût calme – ma mère a un tempérament bruyant –, morne plutôt. Le dimanche soir, les résultats soit du premier, soit du second tour, rarement les deux, s'attendent toujours à la maison, ma mère règne, mon père et Roger Frey passent une tête au milieu d'une soirée chargée (Frey sera ministre de l'Intérieur de 1961 à 1967). Tout le monde s'arrête alors pour écouter quelques versets de l'Évangile gaulliste distillés par deux de ses apôtres. Dès que leurs DS noires les raccompagnent à leurs ministères, les politicailleries reprennent, jamais violentes, parfois tapageuses quand un opposant apparaît dans la lucarne télévisée, souvent ironiques : « Untel réélu ? mais il est à la limite du langage articulé, celui-là ! »

Mon plaisir n'a pas toujours été à l'unisson des autres ou des résultats. Aux présidentielles d'abord. En décembre 1965, j'ai quatorze ans entre les deux tours, je suis en pension, la famille se réjouit sans moi qui pense de Gaulle immuable, quoi qu'il arrive. Le coup suivant, quatre ans après, la France vient de connaître un séisme pour certains, une chance pour d'autres, le Général part en mars 1969 après un référendum d'entêté. L'échec est couru dès lors que le Président met sa démission dans la balance. Le présager, comme les chiffres des sondages y invitent, n'atténue pas le choc et je ne me souviens pourtant pas d'avoir croisé mon père abattu, décrétant même : « De Gaulle ne pouvait pas rêver de meilleure sortie. » Certains vont jusqu'à lui reprocher ce peu d'affliction, le soupçonnant d'être trop occupé à épousseter le trône auquel son ami Georges devrait bientôt accéder. Il est manifeste que, depuis un an, Georges Pompidou, auquel de Gaulle a redonné sa liberté, le mettant « en réserve » de la République, n'a pas chômé. Il a même anticipé l'événement en déclarant en janvier à Rome : « Si le général de Gaulle venait à se retirer, je me porterais candidat à sa succession. Pour succéder au Général, il faut que deux conditions soient réunies : que le Général ait quitté la présidence, et être élu. Ce n'est un mystère pour personne que je considère que, s'il y avait une élection, je serais candidat. »

Il ne s'agit plus pour Guichard d'être le bon petit soldat prêt à tout pour l'homme du 18 Juin, le factotum de la traversée du désert et le facteur de Colombey-les-Deux-Églises, le fils spirituel dépassé par la figure emblématique de son idole. Lui comme les autres barons n'envisagent qu'un des leurs pour pérenniser la Ve République et se retrouvent, pour la première fois depuis la guerre, libres de leur choix. Sans trop de temps à perdre, Georges Pompidou est candidat face au président du Sénat Alain Poher qui, remplaçant légal du Président en cas de vacance du pouvoir, se met à croire à un destin national et se verrait bien déménager du palais du Luxembourg pour celui de l'Élysée. Certains antigaullistes y croiront avec lui, Jean-Jacques Servan-Schreiber appelant à voter pour lui sous un titre exempt de sa fougue habituelle, « Le choix raisonnable[1] ».

Étant encore trop jeune pour voter, et ayant le bac à passer entre les deux tours, ma disponibilité est moindre et je m'agite en collant des enveloppes pour participer à la campagne. On peut s'étonner de la voie que j'emprunte à dix-sept ans et je m'en étonne encore, si conforme à la ligne paternelle, si peu réactive par rapport à mon milieu, surtout un an après la révolte de Mai 1968 qui a vu ma génération ruer dans les brancards. J'y suis, dans les brancards, mais plutôt comme une jument tirant la charrette pleine des ballots familiaux. Non que je hennisse, ça ne s'apprend pas dans les écoles privées – on disait « libres » à cette époque –, mais les filles Guichard, dans la tête de leurs parents, sont élevées pour trouver un mari, faire des

1. *L'Express*, 9 juin 1969.

enfants et si possible voter comme leurs ascendants. Mon père ne sait d'ailleurs pas dans quelle école nous avons étudié et prône l'exemple de sa sœur adulée, « qui n'a jamais travaillé, qui finit d'élever ses quatre enfants, ce qui a l'air de suffire à son bonheur ».

Quant au métier de sa femme qui a dû faire bouillir la marmite tandis qu'il rejoignait sa division huit jours après leur mariage le 19 juin 1944, il décrète : « Elle a travaillé trois ans dans une maison de couture. Je suppose qu'elle vendait des robes. » Un certain mépris doublé d'un paternalisme confondant vis-à-vis des femmes, qui reste assez répandu, personne n'ayant encore tiré les leçons de Mai 1968. La télévision, par exemple, lance l'émission *Aujourd'hui Madame* et affiche sans complexe les cibles visées pour ces débuts d'après-midi dans un réjouissant amalgame, l'émission étant « destinée aux femmes, aux retraités, aux malades et à ceux qui travaillent à mi-temps ».

Nous ferons des études toutes les trois, courtes, nous travaillerons toutes les trois sans qu'aucun de nos parents ne nous inculque jamais la notion d'ambition. Ma mère en a une, j'imagine, dès leur rencontre, être heureuse avec lui puis, avec le temps, ne pas être trop malheureuse. Lui a toujours péché côté ambition, par éducation et par goût, à l'image de son père : « Mon père me semble avoir peu d'intérêt pour le déroulement de sa carrière : capitaine de corvette en 1939, il avait dix ans de retard sur l'avancement moyen de ses camarades de promotion… Son indifférence à ce sujet était devenue matière à plaisanterie dans la marine. »

En lieu et place d'ambition, il a des priorités qui lui collent à la peau, la fidélité et l'amitié ou, pour être exacte, la fidélité en politique et l'amitié dans sa vie privée comme dans sa vie publique. Pierre Viansson-Ponté le note déjà en 1963 lorsqu'il tire les portraits de l'entourage du Général : « Seul Olivier Guichard représentait le dévouement à l'état pur, la fidélité désintéressée… lui seul pourrait dire combien de sacrifices il consentit pour que le mythe demeure. » Il n'a jamais confondu ardeur, celle qu'il met à servir l'homme du 18 Juin puis son successeur, avec avidité ; pas plus qu'il n'assimilait l'action, les kilomètres qu'il accumule en France et jusqu'au bout du monde pour porter la parole du « Grand », avec un certain arrivisme.

Le parcours personnel, la planification qui vous pousse à décider qu'on convoite tel poste, il ignore. De quoi susciter de nombreuses incompréhensions parmi ses collègues et contemporains, et par la suite chez ceux qui ont une vision différente de l'engagement politique.

Il lui a même été reproché de se conduire en amateur, à quoi il répondit dans l'émission *Radioscopie* de Jacques Chancel qui lui était consacrée : « Je ne suis pas contre les amateurs en politique comme dans le sport. Ce sont eux qui ont la foi et qui sont le plus proches des hommes… un certain amateurisme est meilleur que le professionnalisme dans cette activité. » Le mot « sagesse » sied bien à un tel comportement au sein de la chose publique comme l'a traduit à sa façon Philippe Lamour, président de la Commission nationale d'aménagement du territoire : « Nul mieux que lui ne distingue ce qui est désirable de ce qui est possible et le moment auquel ce qui est désirable devient possible. » Une philosophie qui fait la part belle à la réflexion et la patience, avec une dose de fatalisme.

C'est la vie qui décidera à sa place. Début 1947, mon père envie le sort d'un pilote d'avion, « un garçon qui va à Rio tous les quinze jours, écrit-il, et qui a un métier, un vrai, que seul il peut faire ». Il note quelques jours plus tard : « Toujours affecté par mon inaction. » Jusqu'à l'enchaînement involontaire de novembre qui va le voir intégrer le parti créé par de Gaulle, le RPF. Entre le mardi 5 au matin – « Marie-Louise me téléphone d'aller voir Louis Vallon [membre dirigeant du RPF] » – et le samedi 9 au soir, où il a vu Jean Pompéi (le directeur politique) et Jacques Soustelle (le secrétaire général) avant de partir le 13 arpenter le Sud-Ouest comme délégué du RPF, sans oublier de faire cet aveu à la fin de cette semaine qui change sa vie : « En réalité je ne suis pas inscrit au RPF ! » La force de la foi.

C'est la même qui me pousse à suivre les idées qui me bercent depuis ma naissance, renforcée par une certaine paresse intellectuelle. Et puis, il y a ces deux hommes qui ont ajouté leur poids dans la balance familiale durant cette période malléable qui va du berceau au bac : Georges Pompidou et Roger Frey.

6

L'AMI GEORGES ET ONCLE ROGER

Plus proches de mes parents que Georges Pompidou et Roger Frey, c'est inimaginable. Plus différents l'un de l'autre, tout autant : un Auvergnat normalien issu du monde rural et un Néo-Calédonien, fils d'industriel du nickel, qui n'a jamais passé son bac, comme il le confirmera à un journaliste du *Nouvel Observateur* : « Non, je ne l'ai pas ! Et alors ? ça peut arriver à tout le monde. Après tout, Pinay ne l'a pas non plus ! »

Le président Pompidou a longtemps été pour moi « Georges », comme on l'appelait à la maison. La cigarette au bec, le regard pétillant, il est, en privé, le sosie du portrait qui est fait de lui dans les médias. Tout s'y lit, comme l'explique Philippe Alexandre, « la malice, les plaisirs, la perspicacité, la prudence, la combativité – et la rancune ». Deux photos achetées au magazine *Paris Match* me le rappellent mieux que de nombreux essais : en Bretagne, à Beg-Meil, épuisette à la main et clope aux lèvres, maillot retroussé au maximum au-dessus de hautes bottes, le Premier ministre pêche. Sur l'autre, à Orvilliers à côté de Paris, il est appuyé sur la calandre d'une 4 L bleu ciel, la cigarette à la même place et sa femme Claude le regarde avec attendrissement. Des clichés organisés mais une simplicité jamais surjouée.

Ce n'est pas un gaulliste canal historique. « Tout au long de la Ve République, un lien mystérieux unira le Général, Pompidou et les barons. Compagnonnage qui n'est pas né de la Résistance ni de la "traversée du désert" mais de ce combat désespéré et victorieux (mai 1958) », écrit encore Philippe Alexandre. Il joue très rapidement le rôle de d'Artagnan auprès des barons-mousquetaires. Et, bien avant 1958, celui d'ami.

Mon père et lui se sont rencontrés grâce au résistant et diplomate René Brouillet qui les a accueillis plus tard lors de leurs « Vacances romaines » – film de William Wyler – à la Villa Bonaparte à Rome. Il y est premier conseiller et y reviendra six ans après comme ambassadeur auprès du Saint-Siège.

Mes parents sont passés chercher les Pompidou à Saint-Tropez dans une Peugeot 203 et ils arpentent durant deux semaines l'Italie que les deux amis aiment autant l'un que l'autre, alimentant ainsi leur passion commune pour Stendhal qui leur sert de cicérone. Mon père ira même jusqu'à acheter une ruine à Cajarc, dans le Lot, où résident les Pompidou l'été. Avant de la revendre, dans le même état.

Son nom apparaît au tout début des années 1950 dans le journal de mon père, leur lien prend son élan : « Avec des hommes aussi fidèles que lui, les amitiés naissent lentement, mais leur fin est un terrible accident. » Amitié partagée si on en croit ce qu'écrit Pompidou sur Guichard : « Il est de ceux avec qui mes relations personnelles sont les plus amicales et les plus anciennes. » Leurs femmes s'entendent bien, ce qui ne gâche rien, et les frasques de mon père n'ont jamais entamé la fidélité du couple Pompidou vis-à-vis de ma mère. « Montée à bord où le Gal est déjà installé. Susan et les Pompidou sont en bas de l'échelle », note-t-il la nuit du 4 mars 1953 alors qu'il vient de s'envoler pour l'Afrique avec de Gaulle. Il ne serait pas assis dans le Constellation qui les emmène à Dakar si son ami Georges Pompidou ne lui avait pas demandé, en septembre 1951, de le rejoindre au cabinet du Général afin de lui succéder quand il en partirait quelques mois plus tard pour rejoindre la banque Rothschild. « C'est la chose la plus intelligente que j'ai faite de ma vie », avouera mon père plus tard.

Les années qui passent renforcent, s'il en était besoin, leur amitié profonde. Pour preuve, en mars 1958, Georges rentre un peu plus dans la famille en devenant le parrain de ma plus jeune sœur, Aline.

Trois mois plus tard, à la demande du président René Coty, le Général revient aux affaires comme président du Conseil en remplacement de Pierre Pflimlin. Georges Pompidou, l'homme qui « comprend une phrase dès le troisième mot », comme le définira Guy Mollet, accepte de prendre la direction de son cabinet pour les six mois des pleins pouvoirs et demande à Guichard d'être son adjoint.

De Gaulle dira à mon père, l'année suivante : « L'histoire ne saura jamais tout ce qu'a fait Pompidou dans ces six mois d'organisation de la Ve République. » Et Pompidou n'aura de cesse d'inscrire le même Guichard sur toutes les listes d'hommes aptes à composer un gouvernement qu'il propose au Président. Avec le succès très relatif que l'on sait.

Là, comme avant, comme après, Pompidou reste cet homme aux multiples talents, aussi aiguisés les uns que les autres, caractéristique qui le rend, à mes yeux, si séduisant intellectuellement, voire séduisant tout court. Pierre Viansson-Ponté le décrit ainsi : « Il existe bel et bien trois Georges Pompidou, inséparables et identiques, mais aux destins divergents. Le premier est professeur… son frère jumeau, le second, est un tout autre personnage, M. le directeur général (chez MM. de Rothschild frères). Quant au troisième Georges Pompidou, il a choisi la politique. » Je subodore que le second intéresse peu son ami Guichard qui vit lui-même pour les deux autres, la littérature et l'État. De littérature il est souvent question entre eux, comme dans ce passage de ses carnets :

« Discussion avec Palewski et Pompidou sur Taine… puis Mérimée dont j'avais déjà parlé longuement avec GP.

– C'est lui qui a introduit l'Espagne dans la littérature.

– Oui, oui je vois, me dit Pompidou, vous vous consacrez aux problèmes mineurs.

– Bien sûr… y compris Toulet.

– C'est autre chose » (27 janvier 1952).

Outre Stendhal, un penchant commun les entraîne, en effet, vers Paul-Jean Toulet, poète-écrivain du Sud-Ouest mort au début du XXe siècle. Mon père s'étonnera toujours qu'on puisse ne pas être fan de *Mon amie Nane*, un de ses romans. Et si son vœu de réaliser une anthologie de la poésie française avait été exaucé, Toulet y aurait trouvé sa place. Il figurerait, paraît-il, dans l'anthologie publiée par Pompidou en 1961 chez Hachette grâce à l'amicale insistance de Guichard. Je découvre dans les années suivantes, sous la couverture blanche et rigide du livre qui trône à la maison, comme « la » référence en la matière, la page tant feuilletée de leur poème préféré à tous les deux, *En Arles*. Je découvre surtout que la poésie peut être un bonheur, et qu'elle a été un des ferments de leur amitié, dans des circonstances parfois inattendues, « *... la nuit, sur les routes elle se réfugie entre deux rangées d'arbres...* nous partageons ça avec Georges Pompidou ».

Il y a eu bien d'autres moments entre eux, moins littéraires, mais si typiques de la vie politique dans sa version apparatchik : « Nancy, congrès du RPF, bien installés au Grand Hôtel avec Roger [Frey]. Bon restaurant et aussi bonne compagnie, René [Ribière] et Pompidou, avec Monique Servais, jeune femme autour de qui nous dansons à quatre le ballet de la séduction... » Si j'ai peu rencontré René Ribière, je confirme que les trois autres « danseurs » séduisent comme ils respirent, l'essence même de leur métier, l'idée première restant de se faire élire.

Du plus petit mandat, conseiller municipal, au plus haut, président de la République, chercher à plaire fait partie du programme, n'assure pas d'être élu mais y participe intensément. Et ce quels que soient les idées, les convictions et les moyens mis à leur service.

L'autre hacker de ma jeunesse est Roger Frey. Il s'est bel et bien introduit dans ma tête, inconsciemment et sans intention de nuire. Tenant plus de place dans ma vie que mon propre père par le temps passé et l'intérêt qu'il me porte, il a usurpé une partie de l'identité paternelle. Quoique le verbe « usurper » laisse entendre que Roger aurait volé à mon père les droits et les devoirs que celui-ci avait envers moi. Il n'en est rien puisque aucun des deux ne s'est comporté en éducateur. Mais l'affection et la tendresse semblent avoir déserté les rivages paternels pour s'ancrer du côté d'« oncle Roger », selon le nom que nous lui donnions. Ni oncle d'Amérique, ni oncle à héritage et pas plus oncle à la mode de Bretagne : juste le-copain-de-mon-père, le-jules-de-ma-mère que mes sœurs et moi ne pouvons pas appeler « Roger », vu notre différence d'âge, pas plus que « Monsieur », vu notre intimité.

L'histoire a retenu de Roger Frey le « baron », le ministre de l'Intérieur, le gaulliste, voire le président du Conseil constitutionnel, peu apprécié de Jacques Chirac, lequel aimait à dire : « Si je respecte l'institution, je ne respecte pas forcément… celui qui la préside. » Viansson-Ponté saluait chez lui « un animal politique, un vrai », et le journaliste Jacques-Laurent

Bost allait plus loin en notant d'une plume acerbe en 1965 dans *Le Nouvel Observateur* : « En toute justice, eu égard à son palmarès chargé, il devrait être, tout de suite après l'Autre [de Gaulle], l'Homme de la Cinquième République. »

C'est en 1947, au sortir de la guerre, commencée dans le Pacifique comme engagé volontaire de la France libre et continuée en Europe, qu'il a fait la connaissance de mon père en même temps que celle de Jacques Soustelle – « Roger Frey, devenu à la même époque, son ami et le mien », précise Guichard dans *Mon Général*. Ce sont les débuts du RPF, Soustelle rencontre mon père et, le sachant conseiller municipal du village de Néac en Gironde, lui lance : « Puisque vous êtes par là… » et lui confie la région du Grand Sud-Ouest avec des acolytes de poids : Roger Frey pour Toulouse et Pierre Juillet pour le Limousin.

Frey et Guichard ne se quitteront plus, désormais indissociables pour tout historien de la Ve République. C'est mon père qui sera chargé fin 1973 de sonder Roger pour savoir s'il accepterait de présider le Conseil constitutionnel. Il succédera ainsi à Gaston Palewski un mois avant la disparition du président Pompidou. Ce jour-là, Malcy proposera qu'on appelle désormais oncle Roger « Tonton la saisine » !

La politique les rapproche, la vie fait de même. Déjeuners du mercredi à la Maison de l'Amérique latine ou ailleurs, avec les trois autres barons, Foccart, Debré et Chaban-Delmas, et des invités qui deviennent des habitués comme André Malraux. « On parlait du

Général, des gaullistes. Souvent le dimanche matin, on se retrouvait chez Roger Frey pour faire le point », raconte le député René Ribière. On a dû m'emmener à l'une de ces réunions dominicales car mon premier souvenir de la famille Frey remonte à leur appartement du boulevard Flandrin à Paris. Il y fait sombre, je le trouve triste au point que le chat de la maison qui s'encadre dans une porte me fait l'effet d'un dangereux félin, « Maman, le-ma-iou-y-me-regarde ». Roger et ma mère m'ont ridiculisée durant de longues années en racontant cette anecdote à qui voulait l'entendre.

Ils participent aux mêmes déplacements du Général à l'étranger, partagent les hôtels, voire les chambres : j'ai en photos ces moments passés ensemble, où ils s'endorment à la belle étoile quasiment à poil sous leur moustiquaire à Niamey, étouffent sous de nombreux colliers de fleurs passés autour du cou en signe de bienvenue sur une île du Pacifique. Même si, par hasard, Roger n'est pas du voyage, ils restent indissociables. Comme le confiera le journal de mon père : « À 11 heures du soir, nous sommes au Bourget où nous attendent Suzanne et les Frey » ou : « Roger me dépose chez Georges [Pompidou] où je déjeune, puis Georges et Claude m'emmènent à Orly. » Les deux annotations datant de 1953.

Ce côté « bande de potes » se poursuit en privé. Je lis dès 1948, comme en témoignent les lettres de ma mère : « Nous avons beaucoup vu tous les petits RPF et surtout le ménage Frey… », « Lundi, première de *La Grande Duchesse de Gerolstein* d'Offenbach […]

nous avons fait un très bon souper en sortant avec les Frey », « Nous partons dimanche matin pour Paris [...]. Roger Frey remonte avec nous bien entendu ! » Dans les années suivantes, on passe les vacances ensemble, « Couchons à Saint-Trop. Chez les Frey... les Pompidou viennent de Toulon déjeuner un jour » (avril 1953).

De cette intimité je profite en grandissant, mais pas pour acquérir une aisance verbale : oncle Roger a le culte de la discrétion et du silence. Encore un taiseux comme ma mère sait les attirer, apte à effectuer les pleins et les déliés de la conversation, et susceptible de jouer seule une partition à quatre mains. Je profite de l'attention qu'il me prête, à moi comme à mes sœurs. Oncle Roger appelle les deux plus jeunes « PC et PA », « petite Constance et petite Aline », un surnom qui nous enchante.

Au 12, avenue Bugeaud, rien n'apparaît du personnage officiel qui fait la une des journaux, du ministre de l'Intérieur bientôt confronté à deux événements tragiques : le drame du métro Charonne et l'affaire Ben Barka.

En 1962, les accords d'Évian vont bientôt mettre fin à la guerre d'Algérie, mais les différents protagonistes n'en continuent pas moins de faire entendre leurs voix. Alors qu'en octobre 1961, une manifestation organisée par le FLN se conclut par l'arrestation et la mort d'Algériens – de 50 à 200, les historiens divergent sur le nombre –, la tragédie du 8 février 1962, quatre mois plus tard, ravive les douleurs.

Cette fois-ci, ce sont pour la plupart des Français de métropole qui défilent, pacifiquement, afin que cessent les nombreux attentats perpétrés par l'OAS. Sur les escaliers de la bouche de métro Charonne, où les manifestants sont acculés par les policiers, on retrouvera huit morts, étouffés pour la plupart. Le jour de leur enterrement, Europe 1 et *Le Monde* évoquent 500 000 personnes présentes. *La Croix* annonce le lendemain qu'une « marée humaine » a défilé de la République au Père-Lachaise en brandissant quatre mille couronnes, gerbes et bouquets de fleurs. Depuis la Libération, Paris n'avait pas vu un tel rassemblement. Roger Frey parle « d'émeutiers en bandes organisées qui ont attaqué avec une extraordinaire violence le service d'ordre », et les manifestants, aux cris de « Papon assassin », ciblent le préfet de police Maurice Papon.

En 1965, il n'y aura qu'un seul mort, Mehdi Ben Barka, leader de l'opposition de gauche marocaine et du tiers-monde révolutionnaire. Arrivé en France le 29 octobre, interpellé le 30 boulevard Saint-Germain par des policiers français sous les yeux d'un étudiant marocain, il disparaît du jour au lendemain. On ne retrouvera jamais son corps.

Alertés, Roger Frey, le Premier ministre Michel Debré, l'incontournable préfet Papon paraissent n'être au courant de rien. Et le Général qui a promis à Mme Ben Barka « diligence et vigueur » dans le règlement de l'affaire s'énerve en janvier quand l'enquête semble stagner. « Cette affaire Ben Barka devient insupportable. J'avais donné des instructions. Elles n'ont pas été suivies. » Et il rétorque à Frey qui craint que l'opposition ne tire profit d'éventuels développements : « Qu'est-ce que vous voulez que ça me fasse ? » Les soupçons convergent vers un adversaire politique de la victime, le général Oufkir, ministre de l'Intérieur marocain, présent à Paris au même moment. Il aurait pu bénéficier de l'aide de la CIA, voyant là un moyen de « gêner, un mois avant, la réélection de De Gaulle, fermement opposé à la domination américaine sur cette partie du monde ».

L'administration américaine, depuis le départ du président Eisenhower, indéfectible allié, s'affirme globalement allergique au Général, la une du *Chicago Sunday Times* quelques années auparavant, restant d'actualité : « De Gaulle est un politicien inepte et récriminateur ». Il n'en demeure pas moins que les renseignements généraux et certaines personnes de la préfecture et de l'entourage de Frey ont failli.

La presse est rarement tendre avec les ministres de l'Intérieur, Roger Frey comme tous ses successeurs. Elle lui reproche son implication dans la mise en place d'une police parallèle qui devait en finir avec l'OAS, les barbouzes. Il a toujours nié en être l'instigateur. Mais sa main de fer et la longue confiance accordée à Maurice Papon ont abîmé son image.

Rien à voir avec l'homme qui est assis sur le canapé bleu en velours frappé du salon où je le vois.

Il ressemble à une gravure de mode, habillé à l'anglaise, la chemise toujours assortie au regard bleu glacier, cravaté de tricot souvent, les cheveux ondulés blanc argent et le nez qui pointe. Jamais un mot plus haut que l'autre sauf devant la retransmission télévisée des matchs, lors des « après-midi rugby », sa passion, où les onomatopées hurlées devant le poste pour supporter l'équipe de France paraissent dépasser sa pensée.

J'observe la tranquillité de celui qui se sait apprécié par les éléments féminins présents. Il y contribue en apportant, lorsqu'il vient déjeuner le samedi, de quoi faire briller nos yeux, un plateau géant de « douceurs » acheté chez Vicens, avenue Raymond-Poincaré.

Je peux, aujourd'hui encore, décrire l'alignement des petites coques blanches en papier, avec, au cœur de chacune, lové comme dans un écrin, un fruit frais, sec ou confit, certains entaillés au centre afin d'y glisser pâte d'amande, pistache ou noix, d'autres glacés de sucre. Les mains collent, on se lèche rapidement le bout des doigts pour ne rien perdre, on rêve d'en prendre un second. « Oncle Roger », un autre Père Noël ? À force de chercher un père pour remplacer celui qui me manque, j'ai tendance à m'entourer d'une pléthore de Pères Noël.

7

LA SAINTE TRINITÉ

L'image me poursuit. J'ai commencé tôt à sortir du cadre dévolu aux petites filles élevées chez les bonnes sœurs et bardées d'œillères en rencontrant un premier Père Noël d'exception. Il s'appelle Charles de Gaulle. Façon de parler : celui-ci est sanglé dans son habit militaire, il n'arbore pas d'épaisse barbe blanche et n'affiche pas la moindre tache de rouge, même pas à sa boutonnière. La Légion d'honneur lui a été décernée après la Première Guerre mondiale par le maréchal Pétain, mais il a choisi de ne plus la porter. Mon unique souvenir d'enfant lié à ce personnage mythique remonte à un jour de décembre 1959. Avant, pas le moindre bonnet à pompon chez mes grands-parents. Aucun d'entre eux n'aurait pu imaginer se déguiser le 24 décembre au soir en racontant avoir garé traîneau et rennes dans la rue.

Mes grands-pères, officiers de cavalerie et de marine au début du XXe siècle, ont eu d'autres occasions de s'illustrer. Impensable de leur en tenir rigueur. Quant à mon père, il reproduit ce qu'il connaît, les parents d'un côté et les enfants de l'autre, pour le bonheur de chacun. Il en est du moins persuadé, pas mécontent de correspondre à cette catégorie célébrée par l'humoriste W. C. Fields : « Un homme qui déteste les enfants et les chiens ne peut pas être tout à fait mauvais. » Sauf lorsque ceux-ci, naturellement, peuvent lui être utiles.

Alors qu'elle organise une séance photo au ministère de l'Aménagement du territoire, de l'Équipement, du Logement et du Tourisme en mars 1974, la journaliste Hélène Vida décrit mon père en train de caresser distraitement la tête de Virgile, le teckel à poil dur familial, tout en disant : « Un chien ou un enfant est l'instrument indispensable d'une bonne photo. »

Deux pages avant, le ministre fanfaronne : « Je vois mes filles le dimanche après-midi entre 18 heures et 20 heures, quand je reviens de la mairie de La Baule. C'est déjà pas mal de les voir une fois par semaine. » Et ma mère enfonce le clou peu après, preuve qu'il n'y en a pas un pour rattraper l'autre : « C'est important pour des filles de voir peu leur père ; elles l'admirent d'autant plus et cela leur fait plus d'effet que s'il est là tout le temps. » Humour paternel et maternel conjugués… Entre « le voir » deux heures le dimanche et jamais le reste du temps, je parie qu'il doit exister une voie intermédiaire.

Voilà donc devant moi le grand monsieur à képi que j'ai découvert sur des photos aux côtés de mon père. Ils se tiennent sous les plafonds dorés d'un palais, l'Élysée. Mon père est alors conseiller technique au secrétariat général chargé des Affaires politiques, installé dans un petit bureau proche de celui du président de la République élu moins d'un an plus tôt, et le personnel est invité à une fête avec enfants. J'ai bientôt huit ans, mon âge de raison tarde à s'installer, et j'imprime pour la vie cette triplette, mon père, le Général et l'homme à la hotte. Ces trois-là n'ont sans doute jamais joué à la pétanque, et je me fais pourtant l'effet d'un cochonnet qui rapetisse, rapetisse, rapetisse… Leur taille sans doute. À moins d'avoir investi le personnage de Lewis Carroll, Alice, dont le physique diffère du mien : j'ai un bol de boucles brunes sur la tête et je porte un pull couleur armée tricoté par tante Yvonne.

Mme de Gaulle tricote, au coin du feu, le contraire eût été étonnant. Elle en fait profiter ma sœur et moi qu'elle connaît peu, je comprends les raisons de ses points mousse supplémentaires.

Soit elle compatit à la drôle de vie qu'a menée ma mère jusqu'en 1958, son mari servant de factotum entre la rue de Solferino, siège du RPF, et La Boisserie. Mon père aurait pu effectuer le trajet les yeux fermés tant il a parcouru cette route de Colombey pour recueillir les pages des *Mémoires de guerre*, rapporter les corrections, récolter des directives, faire le point sur les « affaires en cours ». « Première visite à Colombey, note-t-il le 16 octobre 1949. Le Général aimable et simple sinon gai. Impression : un militaire évolué a gagné le gros lot et fait retaper la maison de famille. »

Soit Mme de Gaulle fait une bonne œuvre, connaissant sans doute les faibles moyens alloués à ce poste.

Ou bien encore elle cherche à atténuer par une marque d'attention envers mes parents, le bruit qui court selon lequel elle jugerait sévèrement mon père, n'appréciant pas sa réputation de séducteur, et en ferait état auprès du Général qui, attentif à son jugement, tardera à accepter la nomination de Guichard à un poste de ministre. Mais de Gaulle fait preuve d'élégance envers ma mère, comme en mars 1953, à la veille d'un long périple africain : « Le Général téléphone à Susan pour la remercier de me laisser partir si longtemps », note mon père.

À l'Élysée ce jour-là, les lieux et l'événement se confondent pour moi avec le Pays des Merveilles. Les ors de la République, le goûter, les cadeaux, tout y concourt. Et malgré ma timidité, en passant devant un buffet, j'ai dû avancer la main, comme Alice, vers le chou qui m'a fait rétrécir. En fait, l'ultime image que le trio me renvoie est plutôt celle des Rois mages ou de la Sainte Trinité.

Entre les deux mon cœur balance, encore la faute à ma grand-mère accro au catéchisme. Je ne lui en raconte rien, sa dévotion en prendrait un sacré coup. En réalité, on ne parle jamais du Général en famille, mon père et le sien ayant rayé son nom de leur conversation afin de sauvegarder ce qu'ils ont de plus cher, l'amour qui les unit. L'attachement de mon grand-père à l'amiral Darlan et le culte de son fils pour de Gaulle dans les années suivantes excluent entre eux, à jamais, toute explication ou discussion politique. Sans que l'essentiel, leur relation, en soit atteint. Un jour de novembre 1947, Olivier, venant de Paris, passe chez ses parents dans le Bordelais emprunter leur voiture, une Renault Juvaquatre. Il est chargé de sillonner le Grand Sud-Ouest pour le RPF. Il annonce à son père, avec quelque appréhension, son engagement dans le premier parti gaulliste. Le « Très bien, mon chéri » prononcé par mon grand-père pour toute réponse va rester célèbre dans notre famille.

Jusqu'à cette première journée à l'Élysée, je m'étais souvent demandé qui était le grand monsieur en uniforme posant aux côtés de mon père sur les photos qui traînaient à la maison. Le général de Gaulle mesure un mètre quatre-vingt-onze et mon père, un mètre quatre-vingt-douze. Un esprit malveillant a expliqué que, si de Gaulle avait gardé si longtemps Guichard près de lui, c'était parce qu'il pouvait parler à quelqu'un qui était à sa hauteur. Une autre enfant que moi poserait la question. Moi non. Je reste muette, timide et rougissante. Devenir pivoine dès qu'on ouvre la bouche ne pousse pas à s'exprimer. Toujours l'énigme de l'œuf et la poule, insoluble.

J'abuse de mon silence autant qu'il m'abuse. Je fais attention avec le verbe « abuser » qui s'entend encore moins sereinement de nos jours. Rien à voir avec la violence des abus sexuels. Tout au plus ai-je été un peu chatouillée peut-être par René, le fils de la gardienne de l'immeuble quand on jouait à cache-cache dans la cave. Et néanmoins, j'apparais sur des clichés en noir et blanc, taciturne, le regard triste même dans des occasions qui devraient me réjouir : une promenade à Lyon, place Bellecour, avec ma grand-mère préférée Mammy, le jour de ma première communion, ou en vacances, où je pose entourée de ma cousine Laure et de ma mère. Je suis transparente, une mer calme, une présence absente, un fondu-enchaîné pas dérangeant. J'ai emprunté la cape de l'homme invisible, je me suis glissée dans un cocon si protecteur que je tisse, inconsciente, les fils qui m'y emprisonnent. Pour longtemps.

Le silence, les silences dans lesquels je me laisse enfermer bénéficient de complicités familiales dont on n'imagine pas l'impact. Le spectre s'étend sur deux générations d'Aynard-Vincent-Brisson-Guichard, mes parents et grands-parents, qui ont fait du mutisme leur marque de fabrique. À leur crédit, les six personnes en charge de m'élever ne me mentent pas, elles se contentent d'omettre. Face à une petite fille qui ne pose pas de questions, accorde foi à tout ce qui sort de la bouche des adultes et encore plus à ce qui n'en sort pas, elles jouent sur du velours.

La famille se compose de taiseux. Mon père, par exemple, a toujours fait dans le silence éloquent, un combo « je lève un sourcil, je pousse un soupir », utile pour obliger l'interlocuteur, réduit à de simples suppositions, à se dévoiler. Ou à se lasser de ces valses hésitations marmoréennes.

Aux côtés des réservés, d'autres, comme ma mère, sont de véritables traquets. Mais les bavards comme les plus mesurés suivent des règles inconsciemment établies lorsque démarrent les conversations. Seuls ont droit de cité les références culturelles, les bons mots, les actualités politiques et les ragots, tout ce qui permet de briller. À cet exercice je suis une oie et comme dans le jeu du même nom, je mettrai des années avant que mon pion atteigne la case « arrivée ». Les dés sont pipés depuis longtemps. Les morts sont évoqués ouvertement, surtout ceux de la guerre, mais les enfants naturels, les pertes au jeu sont considérés, écrit mon père, comme « de grands malheurs que nous n'avions pas besoin de connaître – pas plus que tout ce qui avait trait à la vie sexuelle, des hommes ou des animaux ». Ainsi en est-il durant sa jeunesse et celle de Malcy, sa sœur adorée née deux ans après lui. Ce prénom qui signifie Marie en irlandais est donné de génération en génération, à ma sœur pour la mienne et à la petite-fille d'un de mes cousins germains pour la suivante.

Nous restons bouche cousue depuis toujours sur tout ce qui tourne autour de l'argent et de l'intime, sexe et sentiments, deux zones interdites qui s'accroissent au fur et à mesure que je grandis. M'éveiller aux sujets tabous semble présenter un danger et je ne suis pas du genre à enchaîner les interrogations. Auprès de qui le ferais-je de toute façon ? Je ne dîne jamais avec mes parents qui s'absentent tous les soirs en nous laissant devant un chocolat chaud-tartine ou un bol de Blédine, une bouillie deuxième âge pour bébé qui m'a procuré jusqu'à mes onze ans d'inoubliables souvenirs. Il m'arrive de déjeuner avec ma mère, mais j'attendrai un âge avancé avant de prendre un repas avec mon père, mis à part quelques exceptions estivales, et de préférence à une table séparée, celle des petits ou de la cuisine.

Sur le moment, je ne m'en plains pas, rien ne me permet de comparer mon sort à celui d'autrui. Ma mère est fille unique et ma tante Malcy élève ses enfants à l'identique.

Dans une famille prétendument aisée puisque « Daddy et Bonne-Maman » et « Mammy et Bon-Papa » nous accueillent durant les vacances dans leurs maisons dont je raffole. Pourquoi avoir compliqué ainsi notre façon de les appeler, mixant français et anglais entre les aïeuls paternels et maternels ? Le clin d'œil d'un esprit farfelu dont, là encore, je ne connaîtrai pas l'origine.

À la sortie des classes m'attendent donc les maisons du Petit Bois puis du Grand Pré, de Ker Olivier et de Siaurac, par un ordre d'apparition estivale immuable jusqu'à leur disparition, autant de paradis où l'amour que me portent mes grands-parents se double de leur capacité à me prendre comme je suis, introvertie. Mes retrouvailles avec eux ne le sont qu'à moitié. Je leur écris souvent. Les inquiétudes prennent le dessus et persistent jusqu'à ce que les lieux me fournissent les réponses que j'en attends. Les maisons continuent-elles à vivre lorsque je n'y suis pas ? Tout est-il resté figé depuis mon précédent passage ? Je m'en assure en arrivant, toutes affaires cessantes, afin de me laisser envahir par l'excitation qui s'est emparée de moi depuis que la voiture a amorcé le dernier tournant.

Grâce aux framboisiers et à La Vogue d'Écully dans le Rhône, aux tartes au sucre et à tante Alice à Saint-Jean-le-Vieux dans l'Ain, à la ferme d'Assérac et aux Niniches de La Baule en Loire-Atlantique, au grenier et aux vignes de Néac en Gironde, à la présence de mes cousins Bailliencourt, la félicité, je connais. Un point commun avec mon père qui confie un jour à Jean Lacouture : « La vraie patrie des enfants est celle des vacances heureuses. »

L'aisance des lieux est parfaite. Pour le reste, nous sommes élevées au plus près du porte-monnaie : je porte les vêtements de ma sœur aînée ou nous sommes habillées à l'identique. Ma mère a dû obtenir un prix de gros, comme lorsque nous posons toutes les deux, col rond et sandales à barrette, entourées par les bras accueillants de la mère Brazier, première femme à avoir obtenu trois étoiles du Guide Michelin. Sur cette photo, nous pourrions aussi bien être ses filles, nos bonnes joues rondes égalant les siennes. Elle régnait au col de la Luère près de Lyon où mon grand-père nous emmenait déjeuner chaque année afin de nous apprendre les innombrables subtilités des quenelles de brochet. Les habitudes d'après-guerre subsistent, on reprise les chaussettes sur un œuf, on attend que notre gros orteil apparaisse au bout de notre unique paire de chaussures pour la remplacer.

J'ai une tenue pour l'école et une pour les autres jours, on ne voyage pas, on ne va pas « au ski » et les fins de mois sont difficiles jusqu'à ce que mon père, en mars 1967, à quarante-sept ans, se fasse élire député de Loire-Atlantique et devienne ministre dans la foulée. J'ai quinze ans, Jacques Dutronc chante *J'aime les filles*, la pilule est en voie d'autorisation, la vie est belle. Avoir un père au gouvernement m'impressionne certainement, mais ce qui m'intéresse surtout, c'est le changement qui s'opère pour moi. Un mois plus tard, pour la première fois de ma vie, ma mère m'offre deux vêtements. Une jupe que j'ai le droit de choisir, jaune, mini, avec un pli plat au milieu et deux plis sur les côtés, la même que celle de ma copine Agnès Chamblant, j'exulte. Et un maillot de bain une pièce à fleurs rouges et orange. J'aurais voulu attirer l'attention sur ma petite personne, je ne m'y serais pas prise autrement. La fleur aux fesses, un acte de révolte inouï. Une manière soft, un an avant les événements de Mai 1968, d'entrer en rébellion.

8

« MAIS ELLE SAIT PARLER »

« La parole n'est pas son langage » disait Mme de Staël de son second mari, John Rocca. Personne ne me ressemble plus que ce colonel de hussards français, la moustache en moins peut-être. Parce que les mots m'ont souvent manqué. S'ils ne m'étaient pas inconnus, ils se précipitaient et se chevauchaient pour mieux me faire tomber en rendant ma parole inaudible. Ou ils me bouleversaient au point que les énoncer me mettait en péril.

Pour moi, les amateurs de silence ne se ressemblent pas tous et se classent en trois familles : ceux qui le maîtrisent, de Gaulle et Pompidou ; ceux qui se maîtrisent, mon grand-père et mon père ; et ceux, dont je suis, qui ont laissé le silence les maîtriser. Venant du général de Gaulle on s'y attend puisque, dès 1932, il a écrit dans *Le Fil de l'épée* : « Rien ne rehausse l'autorité mieux que le silence. » C'est le militaire qui s'exprime ainsi après avoir subi la loi de Saint-Cyr, mais rien de ce qu'il a traversé par la suite, jusqu'à sa disparition, ne l'en fera dévier. Et si ses conférences de presse, dont une grande partie est restée célèbre, ont connu un tel succès, elles le doivent à sa capacité de savoir prendre la parole, au bon moment, pour dire quelque chose de fort.

Georges Pompidou sut utiliser le silence, à sa manière, lors de sa première conférence de presse en 1969. Alors qu'un journaliste lui demande ce qu'il pense de l'affaire Gabrielle Russier, une professeure condamnée pour avoir aimé un de ses élèves, et qui vient de se suicider, le nouveau président maintient un silence de quelques secondes, une éternité dans ce salon d'apparat du palais de l'Élysée où sont réunis plus de cent journalistes et le gouvernement au complet, avant de répondre : « Je ne vous dirai pas tout ce que j'ai pensé… quant à ce que j'ai ressenti, comme beaucoup, eh bien… » Et de citer Paul Éluard, « Comprenne qui voudra ! / Moi, mon remords, ce fut / La victime raisonnable / Au regard d'enfant perdue, / Celle qui ressemble aux morts / Qui sont morts pour être aimés. »

J'en ai encore le frisson en y repensant. Impossible de m'étonner alors que la tendance naturelle de mon père ait trouvé chez ces deux hommes l'écho réconfortant d'un principe de vie partagé. Preuve s'il en est que l'usage restreint de mots ne nuit pas à la vie politique.

En 2014, Jean-Baptiste de Montvalon reprend pour *Le Monde* les résultats du travail de Damon Mayaffre, chercheur au CNRS et enseignant à l'université de Nice. Il a travaillé sur sept cents discours, soit plus de deux millions de mots prononcés par les présidents de la Ve République, de Charles de Gaulle à François Hollande. Grâce à un logiciel, il en retire un premier constat, l'appauvrissement de la langue provoquée par une syntaxe à la merci des touches connectées et de l'urgence qu'elles commandent. Et un second : « Amateur de poésie, le normalien Georges Pompidou est celui qui possède la plus grande richesse lexicale. » Le logiciel mesure surtout les mots surreprésentés ou sous-représentés chez chacun d'eux. Après de Gaulle et Pompidou, le mot « peuple » tend à disparaître tout comme le mot « national ». Le pronom « je », imperceptible jusqu'en 1981, ressurgit chez Mitterrand, en particulier « je pense », ainsi que chez Sarkozy et Hollande, et leurs nombreux « je veux ». Chirac, lui, s'impose comme le roi de l'adverbe qui vient soutenir des mots en perdition.

Mon grand-père – son propre père avant lui –, issu d'une famille de marins rodés aux rigueurs de l'océan et aux crachins qui caressent le granit, a été élevé dans l'austérité et a éduqué mon père à l'identique.

Peu expansif sur ses sentiments, il a, en revanche, inculqué dès l'enfance le goût de la littérature et des mots à son fils Olivier qui en aurait bien fait sa seule passion. Mais toujours avec une certaine retenue dans les propos, que Guichard apprécie tant dans la *Correspondance* de son auteur fétiche, Prosper Mérimée, qu'il évoquera un jour avec Jacques Chancel : « Un chef-d'œuvre de pudeur, de goût de l'elliptique. » Les

Guichard possèdent le sens et la valeur des mots, mais ils en usent comme ils ont appris à le faire, avec parcimonie.

Quant à moi, Guichard d'une autre époque, mâtinée de souche lyonnaise, j'ai laissé passer du temps avant de découvrir la richesse de la lecture et celle des mots grâce à ma mère dont j'ai absorbé les goûts littéraires comme un fruit exotique. Et en premier, le livre pour enfants qu'elle me racontait sans fin, *Jean des Sonnailles*, l'histoire d'un petit garçon que personne n'entend, forcément, car il ne fait pas assez de bruit avec sa mini-cloche. Moi tout craché, je m'y connais en cloche. Et afin de devenir le roi de la fête des Sonnailles dans la région suisse d'Engadine, il brave la faim, le froid, la nuit et les animaux pour se rendre dans la ferme d'alpage de son grand-père qui y possède le plus gros carillon. Il fera ainsi peur à l'hiver qui partira afin de laisser la place au printemps.

Ensuite je me suis longtemps contentée du b, a, ba de l'école, pour finir avec les pages des Lagarde et Michard. L'être le plus à ma portée pour discuter serait ma sœur aînée Malcy, mais pendant une dizaine d'années, nous ne faisons que nous croiser. Seule ma grand-mère maternelle m'offre de son temps : lorsqu'elle habite à la maison deux mois par an, elle vient me chercher à la sortie de l'école et m'emmène goûter dans un des salons de thé où s'éclatent, comme on dit aujourd'hui, les dames d'un certain âge estampillées XVIe arrondissement.

Sa préférence, qui devient la mienne, va à la maison Rey dont les alcôves en trompe-l'œil nous transportent, le temps d'un mille-feuille et d'un chocolat chaud, sur la côte amalfitaine. L'ambiance idéale pour une conteuse comme elle, même si ses épopées, plus hexagonales, se déroulent sur les collines de Serin et d'Écully, attenantes à Lyon. Plus que mon vocabulaire, je lui dois ma propension hors norme à rêver et à imaginer, ma capacité à rester assise des heures, plongée dans mes pensées, et à m'y perdre.

Dès lors qu'il est classé dans cette catégorie, on attend du silencieux qu'il le reste. S'il s'exprime, par obligation, inadvertance ou par choix, le malheureux affronte l'avalanche de contrariétés qu'entraîne la prise de parole lorsqu'elle n'est pas expérimentée. Je les ai toutes essayées.

Ce péril peut se transformer en inexorable catastrophe psychologique. Je dois avoir quatre ou cinq ans, je suis en vacances. Mes grands-parents maternels ont vendu la maison d'Écully peu de temps après. J'étais jeune, pourtant j'en ai gardé des souvenirs et l'exploitation humoristique que ma famille a fait de cette anecdote a sans doute contribué à l'ancrer douloureusement dans ma mémoire. Je me glisse sous la table de la salle à manger à la fin du dîner car il reste une petite part de glace fraise-vanille et je n'en profiterai, m'a-t-on dit, que si je découvre, sans le voir, le parfum que ma mère glisse dans mon assiette.

Ma grand-mère ne se serait jamais prêtée à ça, ni à ce qui va suivre. Toujours sous la table, j'ai pour l'instant en ligne de mire ses pieds déjà déformés et ceux bien carrés des chaises rustiques Louis XI à l'assise en skaï, inusables, qui nous suivront toute notre vie. À la question « Alors, fraise ou vanille ? », je réponds un petit « Vanille » suivi d'un « Pas de chance, c'est fraise » strident de ma mère. Dans un soupir de désespoir, je lâche un « Ah, fraise ! » déçu à la manière d'un « Dommage » ou d'un « Tant pis ». Les adultes considèrent alors que j'essaie de tricher en revenant sur ma réponse. Leurs réflexions moqueuses me tétanisent.

L'échafaud n'est pas loin, ils me traitent de tricheuse, de mauvaise joueuse et me donnent d'autres petits noms que ma stupeur de ne pas avoir été comprise me permet à peine d'entendre. Je tente de m'expliquer au milieu de leurs ricanements, mais je n'ai pas les mots pour enrayer cette injustice. J'ai peut-être triché mais je suis persuadée du contraire. À moins d'être atteinte depuis toutes ces années de ce que le philosophe Paul Ricœur appelle « le mélange opaque du souvenir et de la fiction dans la reconstruction du passé ». Lui évoque l'histoire mais sa définition colle aussi aux souvenirs que peut se créer une enfant. L'essentiel n'est-il pas le ressenti, celui qui frappe de plein fouet, s'incruste à vie dans un petit coin de mémoire oublié, prêt à ressurgir pour peu qu'on la sollicite ?

L'incompréhension nous guette, nous les petits parleurs, et nous rattrape souvent. On manque d'exercice et, contrairement au vélo ou au ski, ça ne revient pas par enchantement. L'habitude prise de ne pas exprimer ce qu'on a en tête entrave la parole, freine le débit des mots sur lesquels on hésite, et qu'on emploie souvent à mauvais escient, ce qui nous renvoie à notre faiblesse. Le son de ma propre voix me surprend et je m'efforce d'abréger ce que je veux dire en espérant que le focus des regards posés sur moi disparaîtra plus vite.

Le sarcasme aussi nous attend au tournant. Combien de fois ai-je entendu : « Mais elle sait parler ! » Je suis un peu plus âgée, douze ou treize ans, à table chez mes autres grands-parents. Daddy parle du Brésil et des quartiers pauvres des grandes villes. C'est alors que je jette le mot « favelas » dans la conversation. Les fourchettes elles-mêmes paraissent frappées de stupeur. Double choc : j'ai ouvert la bouche, et à bon escient. Comment en vouloir à mon entourage qui, légitimement, imagine que je suis ignare puisque rien ne vient lui démontrer le contraire ? Pour preuve cette lettre de ma mère à sa belle-mère : « Constance est sortie tous ces derniers temps sauf trois jours avant son oral [du bac]. D'où je me demande, si, en définitive, elle n'a pas plus de facilités intellectuelles que je ne le pensais !! » Pas étonnant que sa fille soit muette.

Si mon état s'est amélioré avec les années, par la force des choses et la vie professionnelle, j'en ai gardé des traces. Comme l'expliquait à mon sujet dans une interview la fondatrice d'un groupe de presse pour laquelle j'ai travaillé : « Elle avait horreur des conflits. » Raison qui m'a empêchée, lorsque l'occasion aurait pu se présenter, de faire de la politique. Pas la seule. Je m'imaginais mal entrer dans un café et lancer un « Bonjour » tonitruant avant de me présenter et d'entamer la conversation avec un client du comptoir. Et j'aurais préféré sauter en parachute plutôt que de tenir une réunion publique pour me retrouver face à un auditoire pas toujours acquis.

La règle du « moins par moins égale plus » n'est pas négligeable lorsque deux taiseux se trouvent ensemble. Se déclenche alors un automatisme constaté il y a bien longtemps par Aristote selon lequel tout espace a besoin de se remplir. Installés face à face en silence, durant quelques secondes, un des deux se met à parler. Mon père et moi nous sommes rarement retrouvés seuls, en tout cas avant que je parte de la maison, et nettement plus après la disparition de ma mère. J'exclus les trajets en voiture, surtout en Loire-Atlantique, où la peur engendrée par sa conduite sportive – « Mais je connais la route par cœur » – m'ôtait les mots de la bouche.

Une fois veuf et installé avec Daisy de Galard qui deviendra ma belle-mère, lorsque je l'appellerai pour prendre de ses nouvelles – ce qu'il ne fait jamais de son côté – et convenir du jour où je passerai le voir, je me préparerai à chaque visite comme à un véritable examen. J'établirai la liste de ce que je pourrai lui raconter, persuadée qu'il a besoin d'entendre des histoires, de celles qui l'amusent, lui, moi pas forcément. D'où la nécessité de me remémorer à quand remonte notre dernière rencontre, ce que j'ai fait, vu, entendu, lu, qui j'ai rencontré, croisé, aperçu depuis, voire ce que j'ai mangé récemment d'intéressant – il pense que ses filles ne se nourrissent pas bien, ou pas assez. Il m'arrive d'emprunter à quelqu'un une anecdote et, si la pénurie se profile, de réviser les actus ou de lire les journaux, d'écouter les nouvelles durant les jours qui précèdent pour garnir mon sac à provisions et m'assurer que je ne serai pas à court de sujets. Une préparation mieux connue sous le nom de stratégie de l'écureuil : j'emplis mes joues de noisettes pour ne pas être prise au dépourvu si un silence hivernal nous tombait dessus.

Ce qui m'arrive néanmoins quand Malcy et moi sommes allées voir le même film ou séjourner une semaine au même endroit. Ma sœur est déjà venue lui raconter l'essentiel, munie de sa baguette magique. Elle a ce pouvoir que je lui ai toujours envié de pimenter la réalité en gardant pour elle ce qui pourrait en assombrir les contours. Elle sait mieux que nous, adeptes du *never explain*, décliner le *never complain*. Elle transforme n'importe quelle conversation en paquet-cadeau et sait rendre attirant le simple logis chaulé à blanc d'un village grec. Où qu'elle soit allée, on est tenté de s'y précipiter et, quoi qu'elle ait fait, on se grise à l'idée de l'imiter.

Mon père a pris l'habitude qu'on vienne le distraire. Il est dans la position de celui qui attend et écoute, il l'a toujours été, ma mère parlait, sa seconde femme aussi, mes deux sœurs *idem*. Un challenge que je faisais semblant de relever le temps d'une rencontre. Le vrai exploit aurait été de me montrer telle que j'étais, peu encline à lui rendre visite. Mais ma satanée éducation judéo-chrétienne m'a empêchée de m'éloigner un peu plus encore de lui. Et c'est sans doute mieux ainsi.

9

KER OLIVIER

Jusqu'à quatorze ans, mes interlocuteurs favoris sont les bovins. Les vaches, ça me connaît. Après les avoir côtoyées durant de longs mois d'août, la délicieuse monotonie de mes vacances m'a laissée imaginer qu'elles deviendraient, pour la vie, mes meilleures amies.

Nous sommes sept cousins, quatre Bailliencourt et trois Guichard, à passer quatre semaines à Ker Olivier, la maison de Bretagne sud achetée par mes arrière-grands-parents paternels. Elle est située à quatre kilomètres de la plage la plus proche, Pen-Bé. La transhumance vers l'Atlantique reste rare, il existe toujours une excuse pour ne pas nous y emmener. « Il fait pas beau, on n'a pas le temps, y a pas de voiture. » Ma cousine Laure et moi avons effectué plus d'une fois le trajet à pied. Plus que la chaleur, modérée, le sable infiltré entre la peau et le maillot de bain et par les trous de nos sandales nous fait jurer, lors du retour, qu'on ne nous y reprendra plus.

Garder les vaches est notre activité première. Nos parents y trouvent l'assurance de nous voir occupées et surtout absentes du matin au soir. Deux de moins à gérer. Accompagnant Maryvonne, Annick et parfois Madeleine, la plus jeune des trois filles de Jean et Marie Morin, nous passons les plus belles journées de nos vacances adossées aux talus d'une région pas encore frappée par le remembrement. À bavasser, ricaner, somnoler et à se partager la meilleure salade de tomates-pommes de terre au monde, préparée par la mère de nos copines. À repérer sur les buissons proches les mûres que nous allons revenir cueillir pour la confiture maison.

À Ker Olivier, durant un mois, on vit en totale liberté, à peine propres, même s'il y a un lavabo dans chaque chambre, une douche parcimonieuse pour quinze à côté de la cuisine, que l'on rejoint difficilement. Lorsqu'on est au complet, les lits manquent et, à partir de nos dix ans, Laure et moi sommes envoyées au grenier, sans lavabo mais avec des pots de chambre, installées sur deux matelas par terre, près de l'unique lucarne qui nous procure à elle seule air et lumière. La belle vie, bien que mes cousins doivent nous enjamber afin de rejoindre leur soupente et malgré la proximité de notre tante Marthe. Elle et son frère Pierre, deux personnes que je ne vois que là.

La première, retardée mentalement et d'un âge incertain, vit dans une institution à Nantes et vient passer l'été avec ses deux frères, Louis, mon grand-père, et Pierre qui habite toute l'année sur place. Elle y apprendra à son neveu Olivier à manger des sardines crues pour le petit déjeuner. J'écris « ses deux frères » mais les arbres généalogiques de la famille Guichard affichent deux garçons de plus dans la descendance de Maurice et Malcy Guichard : Jean (décédé en 1925) et Alfred (mort à la guerre). Là encore, motus. En attendant, la douce tante Marthe nous épie derrière ses verres à triple foyer, avant de glisser, silencieuse, dans son cagibi.

Le second, qu'on appelle « oncle Pierre », est le maître des lieux. Entré dans la marine à dix-neuf ans, quatre ans après son frère Alfred et six après mon grand-père, il en partira tôt, à la suite d'un accident d'avion et d'« un accident de carrière », écrira sobrement mon père pour évoquer, à demi-mot, les séquelles d'un séjour en mer de Chine comme enseigne de vaisseau. Pour certains, il s'agit de collaboration ; pour d'autres, il y aurait affiché son homosexualité. Inutile de dire que j'ai dû attendre un âge avancé avant d'en être informée, toute allusion de près ou de loin au sexe et à la sexualité étant prohibée. Il vit là depuis les années 1935, entre sa chambre dans laquelle on ne pénètre jamais et la cuisine dont il a fait son antre.

Aussi grand que tous les Guichard, voire plus, il doit se plier quotidiennement pour prendre place sur le siège baquet de sa 2 CV, arpenter les quelques kilomètres qui le séparent du bar-tabac d'Assérac et aller échanger avec son ami Georges Baratoux installé à Pen-Bé dans une petite maison en bois de deux pièces.

Plus que le maître des lieux, de colossales et anciennes pertes de jeu ne lui permettant pas de pourvoir à grand-chose, Pierre en est le seigneur. Il accueille sa voisine, la mère Alain, qui ne marche plus : on l'amène en brouette jusqu'au salon pour la mettre à l'abri les jours de fortes tempêtes qui soulèvent son toit. Ce célibataire, que le village et les voisins nomment « Monsieur Pierre », a une passion pour les enfants de son frère qui le lui rendent bien. « J'avais beaucoup d'admiration pour son scepticisme aimable et informé », écrira mon père dans son livre *Un chemin tranquille*. Encore un solitaire, qui aurait été capable de faire voter les calvaires bretons pour son neveu Olivier.

Parmi mes souvenirs de vacances subsiste le charme du manoir bordé d'hortensias auxquels le sol breton donne des teintes tout droit extraites de la palette de Monet. Ker Olivier, qui portait ce nom bien avant la naissance de mon père – dont le prénom, lui, n'est sans doute pas un hasard – est le cœur du clan Guichard, à vingt-cinq kilomètres de Saint-Nazaire où Maurice Guichard, mon arrière-grand-père polytechnicien, dirigeait les Ateliers et Chantiers de la Loire, à quinze kilomètres de Guérande et vingt de La Baule.

Le cœur du clan y bat, certes, mais pas pour tout le monde, et il peut se rétracter comme une huître. On y est convié, ou pas, les invités de l'été n'ont rien en commun avec ceux de l'hiver. Si les premiers sont installés dehors sur des ersatz de transats dont ils ont du mal à s'extraire – leurs fesses touchent le sol –, les seconds ne connaissent que la cuisine, une des seules pièces chauffées. Mon père et son oncle Pierre y tiennent salon dans un nuage de fumée. Vautrés dans leurs fauteuils, ils enchaînent, l'une après l'autre, les cigarettes qu'ils roulent tous les deux, parfois d'une seule main, et échangent un minimum de mots, choisis.

On y est testé aussi, toute personne désirant entrer dans la famille doit y passer quelques jours avant de savoir si ce sera pour toujours ou pour un moment. On se prend pour la famille royale d'Angleterre – dans la série *The Crown* – recevant, le temps d'un week-end écossais, le Premier ministre Margaret Thatcher ou Diana Spencer afin de disséquer leurs manières et de décider si elles méritent ou non la confiance monarchique. Ker Olivier, c'est Balmoral. Un snobisme familial entretenu, espadrilles aux pieds, avec nonchalance et parfois perversité. En juillet 1969, ma mère écrit à sa belle-mère : « Constance va vous demander la permission d'inviter Ladislas Poniatowski pour quelques jours, début août, à K.O. Il est très bien élevé et un peu sûr de lui… » Un exemple de préparation à l'examen de passage dont je me réjouis : dans toutes ses autres lettres elle ne cite jamais son nom, se contentant de désigner Ladislas par une appellation géographique, « la Pologne ».

C'est grâce à Ker Olivier et à sa présence sur place depuis qu'il est très jeune que mon père choisit de se présenter aux législatives de mars 1967 dans la

7e circonscription de Loire-Atlantique. Malgré cet ancrage, rien n'est gagné. Il est maire depuis 1962 de son village natal de Néac auquel il est viscéralement attaché et où, signale-t-il, sa liste a recueilli « 158 voix – toute la liste est élue – je sens que la politique est une des seules choses qui puissent me donner des émotions violentes… des abattements profonds… c'est artificiel je sais mais j'ai ça dans le sang ». Mais le département de la Gironde regorge déjà de gaullistes, Robert Boulin est député-maire de Libourne à sept kilomètres de là, et un peu plus loin, Jacques Chaban-Delmas règne sur Bordeaux.

À l'évidence, le Sud-Ouest ne l'attend pas, pas plus que l'Ouest d'ailleurs. Et lui hésite depuis vingt ans à se lancer. Il a évolué cependant, après ce qu'il écrivait en mars 1947, quelques mois avant l'élection de Néac : « Ce qui m'écartera toujours de la politique active, la pensée de toutes les questions préjudicielles à résoudre avant de pouvoir parler objectivement d'un problème. Ou alors je me résoudrai comme beaucoup à faire de la politique subjective en me tenant le brillant raisonnement suivant :

Le communisme c'est le mal
Donc je suis le bien
Et peu importent les moyens
Pourvu que triomphe le bien

Au fond c'est une question de foi – comme le reste ! »

Entre-temps, il a passé vingt ans dans la marmite gaulliste et le Premier ministre, Georges Pompidou, a insisté pour qu'il aille « au feu ». C'est peu dire qu'il renâcle, brandissant une phrase de Prosper Mérimée, sur lequel il a entamé une thèse à la fin de ses études : « Il faut avoir le diable au corps et l'âme bien basse pour faire le métier de candidat à la députation. » Allégresse mitigée donc.

Délégué à l'Aménagement du territoire et chargé de mission auprès du Premier ministre depuis quatre ans, il affiche alors toutes les caractéristiques d'une « victime exemplaire de l'ingratitude royale », comme le suggère Pierre Viansson-Ponté, fin analyste de la smala gaullienne et de son *pater familias*. Pour raisons de mœurs, semble-t-il, de Gaulle barre son nom depuis 1958 sur toutes les listes ministérielles que lui proposent Michel Debré et Georges Pompidou. Et, soudain, les choses changent, comme mon père le raconte : « Le Général se contenta de me faire dire par Pompidou qu'il souhaitait que je me présente. Bien que peu enthousiaste, j'avais pris l'habitude de faire ce qu'il me demandait. J'y allai donc sans demander d'explication. » Évidemment.

La campagne électorale n'est pas une sinécure, aucune ne l'est jamais comme il l'apprendra ensuite. Il décrit heure par heure ce baptême du feu exigé en haut lieu. Se faire connaître en quelques semaines suppose des journées entières de réunions qui s'enchaînent de 8 heures du matin, tôt pour ce grand dormeur, à 22 heures pour les dernières.

Ayant accompagné mon mari des années plus tard dans des circonstances analogues, je confirme que les temps changent mais le principe reste le même : il s'agit d'aller à la rencontre des électeurs. Quand on n'a jamais partagé le planning d'un candidat à la députation, il est impossible d'en imaginer le déroulement et les charmes cachés, tels que mon père les relate dans son journal :

« 14 février, 39 de fièvre, mon adversaire Legrand me reproche d'être maire de Néac et de m'être fait installer le téléphone !

17 février, Saint-Molf, au café, une centaine de personnes muettes dans une salle qui sent mauvais.

18 février, le soir, à La Turballe (port de pêche), l'équipe adverse veut noircir la situation, “les marins ne sortent plus !”. Éclat de rire des marins en question.

19 février, 20 h 30 à Saint-Gildas dans un café enfumé. C'est là qu'on me demande pourquoi Anquetil a eu la Légion d'honneur alors qu'il y a tant d'anciens de 14/18 qui ne l'ont pas encore.

21 février, salle des fêtes de Saint-Joachim, 400 personnes dont 3/4 d'opposants ; 45 minutes de Piconnier, secrétaire générale de la CGT sur le thème, « Monsieur le Baron… votre collègue Dassault, la baignoire en or des Rothschild, votre grand-père condamné en 1922 pour avoir brisé une grève ». Je réponds dans un certain calme et je pars dans l'hostilité. Dans la salle, six bonnes sœurs immobiles.

25 février, Le Croisic, nous sommes en retard d'une demi-heure, le maire en a profité pour partir. »

Le 12 mars, avec mille cinq cents voix d'avance, celui que ses adversaires voient comme un Parisien parachuté est élu député de Loire-Atlantique et les quatre cents habitants de Néac n'en prennent pas ombrage. Sa mère, si ! « Pourvu qu'Olivier ne soit pas ministre ! » Raté. Dans l'esprit du Premier d'entre eux, Georges Pompidou, le passage obligé a été franchi et la reconnaissance des électeurs vaut visa pour sa nomination comme ministre de l'Industrie. La fameuse bénédiction du suffrage universel, à cette époque, signifie quelque chose et le droit de voter représente une chance. Une élection, municipale, législative ou présidentielle, passionne des millions de Français, conscients de l'importance de participer à ce qui vaut de l'or, la démocratie. Et draine autant de bulletins, chaque carré glissé dans l'urne permettant au citoyen d'exprimer soutien ou mécontentement. Le peuple français s'honore de faire de la politique et honore avec lui ceux qui la conduisent.

La participation approche les 80 % à ces législatives de mars 1967 qui le font député de la circonscription de Guérande. Quant aux accusations de parachutage, je me réjouis d'avoir trouvé sous la plume de l'universitaire breton Erwan Le Gall ce qui paraît une évidence : « On voit mal comment l'arrivée d'Olivier Guichard en Loire-Atlantique peut être qualifiée de "parachutage" : il dispose de réelles et solides attaches dans ce territoire. »

10

SIAURAC OU LA PERMANENCE

Si Ker Olivier est le cœur de la famille, celui de mon père se trouve en Gironde, à Siaurac où il est né dans la chambre du premier étage qui deviendra la sienne, puis la mienne. Une maison en « pierres blondes des Charentes » située à Néac et achetée par ses ancêtres en 1835. Il y a grandi, galvanisé par l'admiration et l'affection qu'il voue à son grand-père Joseph Brisson qui sera maire de la petite commune durant des décennies avant que son petit-fils lui succède. Il est sur les bords du Danube avec son régiment, le 21ᵉ d'infanterie coloniale, lorsqu'il apprend en mai 1945 qu'il y a été élu conseiller municipal sans s'être présenté. Devant son nom, ses « collègues avaient inscrit : "Résistant, engagé volontaire aux armées de l'Est" ».

En partir est une déchirure, y revenir lui évoque chaque fois la découverte d'une oasis. « Je crois que mon goût du Sahara à l'âge adulte vient de ma passion pour les vignes lorsque j'étais enfant. » Il trouve dans la nature qu'abritent les lieux la stabilité à laquelle il aspire. Le monde change trop vite. « Un Anglais planta ces arbres qui sont un peu ma patrie, le tulipier, les chênes pyramidaux, ceux d'Amérique, les cyprès chauves qui aiment l'eau, les quatre catalpas qui l'aiment moins. Ils m'ont donné une idée de ce que peut être le panthéisme. »

Siaurac, c'est la permanence des choses. Tout ici n'est qu'un éternel rituel qu'on pourrait croire instauré par mes grands-parents mais qui existait avant eux, et que mon père poursuivra, soucieux de nous le transmettre. Le café sur le perron quand il fait beau, le service à thé japonisant qu'on sort pour les vieilles familles bordelaises en visite, la bataille autour des ronds de serviette, premier arrivé premier servi, les volets de toutes les portes et les fenêtres fermés chaque soir sans oublier le tour de clé inutile, Daddy cravaté trois cent soixante-cinq jours par an et consignant dans un agenda la météo du jour et l'état de la vigne, la cloche en début d'après-midi pour signaler la reprise du travail aux employés de la propriété, l'interdiction de petit déjeuner avant la messe du dimanche matin, au cas où l'envie nous prendrait de communier, le gravier ratissé, la galère du carême et de tous les offices de la semaine pascale s'achevant avec les œufs cachés dans le lierre de la cour, qu'il pleuve ou qu'il vente, le bain à trois ou quatre dans l'unique baignoire, la fascination devant les conserves géantes utilisées pour les repas des vendangeurs, le ramassage des noix fraîches, la chasse aux cèpes, les lamentables zinnias des deux massifs sur le devant de la maison qui font le bonheur de ma grand-mère. Elle les replante annuellement sans que personne ne vienne semer le doute sur cette erreur paysagère.

Siaurac ressemble à une fable de La Fontaine où se mêlent poules, coqs, pintades, lapins et même des paons, des chênes et des roseaux, des grenouilles dans l'étang et des moutons traversant le pré, des lièvres dans la garenne et quelques chevreuils au fond du parc.

Mes sœurs et moi y passerons environ deux mois par an jusque dans les années 1970, puis une semaine au minimum jusqu'à la disparition de mon père en 2004. J'y fais ma rentrée durant mes premières classes de primaire, mes parents tenant à y rester pendant la période des vendanges. Je parcours deux fois par jour le kilomètre qui me sépare de l'école, grande et unique pièce où l'instituteur enseigne à tous les âges présents tandis que le poêle central nous enfume. La cour est un tapis de feuilles de marronniers où l'on bute sur les bogues parfois encore fermées.

J'emprunte pour m'y rendre l'allée des Vignes, flamboyantes à l'automne, un chemin défoncé qui traverse, par le milieu, une mer de vignes, chemin dont nous connaissons la moindre dénivellation à force de l'emprunter à tout âge, à pied, à vélo ou en voiture. Elle fait partie du mythe familial. Mon père y a amené Georges Pompidou admirer le soleil au coucher. Ma fille Clémence l'empruntera à son tour cinquante ans plus tard, au son de musiciens tziganes, pour rentrer de l'église où elle vient d'épouser Antoine. Un cèdre est toujours là, à l'entrée, tandis que son voisin, le tulipier centenaire, a subi les foudres de la tempête de décembre 1999, dévastant mon père en même temps que l'équilibre du jardin.

Face à l'école, propriété de mon arrière-grand-père, une petite porte mène à l'église de Néac entourée de son cimetière. Voulu par mon arrière-grand-mère dont le nom est inscrit sur le fronton, le premier rang nous y est naturellement réservé. Des prie-Dieu aux étiquettes cuivrées nous invitent à y prendre place, nous empêchant à jamais d'arriver en retard ou de nous planquer sur les chaises du fond. Trois générations s'y sont mariées, Jean, le fils de Malcy, en dernier. À droite du porche d'entrée, à l'ombre d'un autre cèdre, sans âge, une tombe de pierre porte les noms de mes grands-parents et de mes parents. Les jours heureux et les autres, débordants de tristesse, se confondent ici sur ce carré de terre bordelaise, au son de la cloche qui annonce les heures et les demi-heures. La même qui rythmait hier le déroulement de nos journées. Particulièrement celles de Daddy qui, au premier coup donné par le battant, ouvrait le cache en verre, repositionnait les aiguilles et remontait avec une petite clé, si besoin était, la pendule installée sur la cheminée du salon.

Les rituels s'avèrent souvent gourmands car mon grand-père possède cette qualité qui m'enchante et qui a tendance à prendre de l'ampleur lorsque sa femme a le dos tourné. Il en a toujours été ainsi durant ses années passées aux services juridiques et historiques du ministère de la Marine à Paris où il ne dérogeait pas à celui des croissants quotidiens chez Ladurée rue Royale. Tradition qu'il perpétue à Libourne, le vendredi matin, avec ma cousine Laure et moi. Tandis que Bonne-Maman arpente le marché, notre itinéraire passe d'abord par la pâtisserie Alban devenue plus tard Lopez afin d'acheter cannelés et millas que nous allons ensuite dévorer au café L'Orient, place Decazes, devant un Vivor à l'abricot. Unique condition pour partager ces agapes : être levé très tôt et assister à 8 heures du matin à une messe durant laquelle nous péchons en pensée, l'esprit tourné vers la suite des festivités.

Lorsqu'il passe les bornes de la décence, à table, en prenant un second boudoir à tremper et à émietter dans un fond de bordeaux, un Château Siaurac, son propre lalande-de-pomerol, la réprobation de ma grand-mère lui tombe dessus, cinglante : « Oh ! mon Louis ! ».

Un péché pour celle qui a voué ses jours à lutter contre les sept principaux, dont la gourmandise. Elle en a d'ailleurs allongé la liste afin que nous comprenions que « tout est péché ». Elle ne s'accorde qu'une seule exception, une fois par an, à la période des ortolans, quand, la tête enfouie sous une serviette, elle croque jusqu'au dernier petit os de leur carcasse. Quand son visage réapparaît, à peine rosi, elle affiche à la fois les stigmates du plaisir laissés par les traces des sucs de cuisson et ceux de la sainte qu'elle m'a toujours paru être, impassibilité et candeur. Son passage au confessionnal, le lendemain, lui permet de réitérer l'exercice si l'envie lui en prend.

Concernant les autres plats servis à sa table qui relèvent, pour beaucoup, de la gastronomie locale et me laisseront des souvenirs gustatifs impérissables, elle n'y voit aucune atteinte particulière à la gourmandise, numéro deux sur la liste des péchés capitaux établie à la fin du VIe siècle par le pape Grégoire Ier le Grand. Et pourtant, dès mon plus jeune âge, lorsque je goûte aux tronçons de lamproie à la bordelaise dans leur épaisse sauce brune où seul tranche le vert des poireaux, l'entrecôte, bordelaise aussi, cuite au feu de bois, coupée en fines tranches et parsemée d'un hachis d'ail et fines herbes, l'alose accompagnée de sa sauce à l'oseille, je voyage bien au-delà du simple plaisir de la table. Quant aux crèmes frites de Diditte qui officie en cuisine en plus d'être l'âme de la maison, elles m'ont fait découvrir, bien avant l'âge requis, un registre plus… adulte, la volupté.

S'il eut des doutes sur notre capacité à pérenniser son éden, mon père se préoccupa néanmoins d'entretenir les lieux et de laisser la propriété en état de marche. Ce n'est pas une mince affaire lorsqu'il s'agit, en plus d'une maison, de trois vignobles, un lalande-de-pomerol, un pomerol et un saint-émilion. Son éducation, l'amour pour ses parents, ses grands-parents et les lieux qu'ils lui ont légués ont réalisé l'essentiel : faire naître sa passion. Mais des études de droit et de sciences politiques fortement étayées par celle de la littérature, une vie d'élu et de grand commis de l'État ne préparent pas à la fabrication du vin ni à son commerce. Il fit pour le mieux. Malgré notre attachement à la maison de notre enfance, de notre jeunesse, de notre maturité et celui de nos enfants, malgré l'envie profonde de perpétuer la transmission familiale, esprit dans lequel nous avons été élevées, nous n'avons pas réussi à la maintenir après lui, trop dilettantes en activités viticoles et vinicoles.

Malcy a vu le jour sur cette terre, moi ce sont mes cinq sens qui sont nés à Siaurac. Aline et son mari, eux, ont tenté de poursuivre l'entreprise commerciale. Aujourd'hui, grâce à un drone, je revois sur un site dédié la maison que j'ai aimée et dont mon père raffolait. Elle a récemment été reprise par un banquier breton après que la pandémie en eut éloigné un couple de Chinois. Même s'ils y ont habité peu de temps, j'ai imaginé la réaction de ma grand-mère apprenant la nouvelle. Rattrapée par ses racines angoûmoises et son peu de goût pour l'étranger, elle a dû se retourner violemment dans sa tombe sous l'œil attendri de son mari.

11

LA BRUTE MYSTÉRIEUSE

Si Siaurac a son dignitaire, Daddy, ou Louis Guichard, les vrais rois du lieu sont les non-dits. Ils tiennent tous les rôles dans la pièce familiale. Les miens, imposés par mon éducation, m'intriguent moins que ceux existant entre mon père et le sien. Mon grand-père déclarait, avec un sens de l'*understatment* prononcé : « Nous sommes une famille où il y a peu de bavards ». Et j'en trouverai confirmation dans un livre de mon père évoquant « cet immense domaine du non-dit que nous avons si longtemps, mon père et moi, parcouru côte à côte ». Je les vis au gré de ma croissance, expérimentant pour de vrai le fameux *no explain* qui trouve avec eux son apogée.

Dans la série *Les Guichard*, la saison 1 manque de rebondissements et je vois bien durant les courtes vacances partagées que ces deux hommes cohabitent avec le respect dû au père par son fils. Rien à signaler.

En saison 2, le scénario manque de m'endormir, l'adolescence m'indiffère, je suis pensionnaire et la famille joue à l'intermittente dans mon existence. Que deux de ses acteurs, hormis les gestes d'affection, dialoguent comme deux connaissances qui se croisent au marché de Libourne, sous les couverts de la place Abel-Surchamp, devrait pourtant m'intriguer. Le temps qu'il fait, l'état des vignes, la santé du voisin, la visite de l'après-midi, rien de bien passionnant lorsque je traverse le salon à la recherche de ma cousine. Pas un mot sur les activités de Guichard le jeune entre ces deux personnes averties, ces accros aux nouvelles du quotidien régional, selon la région *Sud-Ouest* ou *Ouest-France* épluchés tous les jours, sans compter *L'Écho de la presqu'île guérandaise*.

En complément, un petit poste de radio en bakélite trône à portée de main gauche de mon grand-père qui tourne le bouton dès que la pendule voisine sonne l'heure. Le nom du général de Gaulle n'est jamais prononcé entre eux.

Je comprends pourquoi je me suis attachée à poursuivre le visionnage de la série lors de la saison 3. Malgré mon absence de maturité et mes éternelles difficultés à les exprimer, les interrogations s'imposent. Des lambeaux de notre histoire familiale me parviennent : chaque information arrachée, petit morceau d'un puzzle à jamais incomplet, m'accable. Sur le moment.

« Mais tu sais bien que Daddy était à Vichy. » J'ai dix-sept ans, l'idéalisme chevillé au corps comme souvent les gamines de mon âge, je suis persuadée qu'en 1940 j'aurais été du côté des résistants – tous ceux qui ne savent pas de quoi ils parlent affichent la même détermination. Personne à mes yeux n'égale Jean Moulin, et j'ai imprimé à vie, dans ma tête, les images du film d'Alain Resnais, *Nuit et Brouillard*, que j'ai découvert à la télévision, seule et beaucoup trop jeune, des années auparavant. Vichy… Dans les années 1960, le nom de cette station thermale de l'Allier résonne encore comme le couperet de la guillotine au moment de tomber et de trancher. Pour l'instant, c'est moi qui tombe, et Daddy de son piédestal. Je tranche aussi, bien que je ne possède pas le complément d'informations que cette déclaration exige.

Jusque-là, pour moi, Daddy a pris sa retraite à quarante-sept ans, fin 1942, au milieu des vignes qui appartiennent à sa femme, et partage depuis lors ses journées entre le chais et son fauteuil, coin gauche de la cheminée. Grand lecteur, auteur – primé par l'Académie française – de plusieurs livres dont *Bleu marine* à la couverture glacée du même ton, épistolier fécond à la plume trempée dans l'encre bleu nuit, la moustache qui pique et une certaine élégance, il est l'image idéale du grand-père des années 1950, réchappé des deux guerres mondiales. On croise sa photo en uniforme un peu partout, le regard clair que la casquette d'officier de marine ne vient plus assombrir. Son calme a de quoi mettre à l'épreuve.

J'aime tendrement ces deux personnes qui se réjouissent de partager leurs maisons avec mes cousins et moi, mais savoir qu'elles se sont installées à Vichy en même temps que Pétain me paraît inconcevable.

Le nom du Maréchal agit sur moi comme une perceuse qui me troue le cerveau. Quand j'entends « Pétain », j'entends « collaboration », et il en faudrait peu dans ma méconnaissance des circonstances pour que j'assimile mon aïeul à un traître, persuadée que le monde entier connaît les faits sauf moi, que cette tache est inscrite sur mon front et marque à jamais mes rapports aux autres.

Alors oui, ma famille a bien habité Vichy, à deux cents mètres de l'hôtel du Parc, le timbre de la poste fait foi dans la correspondance entre mon père et sa mère. Des cartes brunes, les seules autorisées, de la couleur des chemises du même nom. Du côté de l'adresse, un timbre à l'effigie du maréchal Pétain, et sur le recto réservé au texte, « Attention » écrit en capitales et accompagné d'une alerte qui mange la moitié de l'espace : « Carte exclusivement réservée à la correspondance familiale. Il est permis d'écrire ci-dessous une correspondance de caractère familial de sept lignes mais il est strictement interdit d'écrire entre les lignes ou de donner des nouvelles qui n'auraient pas ce caractère. Il est indispensable d'écrire très lisiblement pour faciliter le contrôle des autorités allemandes. » Rien n'interdit, en revanche, de lire entre les lignes.

Ce qui n'est pas le cas entre eux deux malgré la foule de leurs échanges dus à l'installation de mon père entre Clermont-Ferrand et Lyon à partir de septembre 1940 pour suivre des études de droit et de sciences politiques tandis que sa mère circule entre Vichy et Siaurac en Gironde.

Leur correspondance est si transparente que je l'imagine codée, des horaires de train, quelques caprices de la part d'un jeune homme encore dépendant de « maman chérie » et d'une existence organisée depuis vingt ans autour du fils aîné, installé sur un piédestal. Les courriers contiennent de nombreuses demandes : « De Siaurac, mes espadrilles, 2 cols blancs Dawes 38 [croquis à l'appui], de quoi faire du point de riz ! » (décembre 1940). « Envoyez-moi vite mon maillot de bain rouge et 2 ou 3 chemises de sport » (5 juillet 1941) et quelques réclamations sur les envois : « Merci pour beurre et affaires mais ce n'est pas le costume de bain que je voulais » (30 juillet 1941). Du côté de sa mère, les questions s'enchaînent sur le mode de vie de son fils, son confort et ses études sans oublier des attentions ciblées, du type : « Dans le petit carton tu trouveras un chapelet pour la nuit le tien étant cassé, bonne habitude à conserver en pensant à ta maman ».

Je m'interroge aujourd'hui : la marque des cols cachait-elle le nom d'un réseau de résistants, et le maillot rouge, un texte révolutionnaire ? Le chapelet cassé aurait-il dissimulé une arme dans le même état de délabrement ? Leur foi à tous les deux ne permettait pas ce genre de camouflage. De quoi mettre le holà à mon imagination « décodante ». Dans ses lettres envoyées depuis Lyon, il se limite toujours aux détails de la vie quotidienne bien que le courrier ne coure pas le risque d'être intercepté : « Pour les chemises c'est très difficile… plus de popeline » (janvier 1941), « plus de cordonnier » (juillet 1941). Et, au 25 avril 1942, dans une des dernières correspondances : « Bien reçu vos pommes de terre… si vous pouvez trouver de la confiture pensez à moi pour qui c'est vraiment un produit vital. »

Le mot « vital » s'agissant de confiture en avril 1942 est, plus de soixante-quinze ans après, insupportable à lire dans ce contexte d'horreurs, symptomatique de l'enfant gâté sur lequel la guerre est tombée à dix-neuf ans comme une massue et que le coup porté ne finit pas d'étourdir. « Plus jamais je ne vivrai les heures atroces où je croyais que les choses elles-mêmes allaient être pulvérisées par la main allemande… J'ai vécu 2 ans comme un somnambule, après le choc. » Ce qui me frappe dans cette correspondance, au vu des dates, c'est l'image d'un très jeune homme ultraprotégé, et d'une guerre qui a commencé un an et plus avant ses premiers courriers.

Étudiant à Lyon, il vit enfermé dans ses bouquins, au risque d'ignorer ce qui se passe en zone occupée. Comme en zone libre, d'ailleurs, où Pierre Laval, une semaine avant la lettre dite « de la confiture », a pris la tête du gouvernement en remplacement de l'amiral Darlan. Un bouleversement dans la vie de son père qu'aucun des siens n'évoque. J'imagine donc qu'il réservait ses questionnements politiques aux rares moments passés en famille et que le courrier adressé à sa mère était plus propice aux détails du quotidien. Trois lettres me prouvent le contraire et montrent à quel point il mène alors une vie parallèle à celle de ses parents. Février 1941 : « Comment marche le cabinet ? [Son père est alors directeur du cabinet civil de l'amiral Darlan.] Il courre [*sic*] les rumeurs les plus inquiétantes sur les projets de l'Amiral. » Puis, fin avril et début mai 1942, deux autres questions : « Est-ce que Papa est encore capitaine de frégate ou plus du tout ? Comment faut-il lui écrire ? » et : « J'aimerais savoir de qui se compose le cabinet de Papa. »

Par deux fois, ces interrogations figurent en post-scriptum, comme on écrirait « Et n'oublie pas mon pull ! ». Notait-il ces questions de bas de page, sous sa signature, avec désinvolture ou, à l'inverse, hésitait-il à aborder ces sujets comme pour mieux se cacher à lui-même la vérité ?

S'il affiche une sorte de légèreté, elle n'est que de façade, et je croirais plutôt qu'il préfère dissimuler à sa famille les angoisses qui le traversent. « Les bonnes volontés pullulent comme la faiblesse, la muflerie, l'intérêt, la lâcheté. Et Dieu se tait. Nous sommes désarçonnés, Seigneur – et les autres se battent… Je crois que les meilleurs d'entre nous y resteront », écrit-il en novembre 1942.

Il s'étourdit alors dans la littérature dont il noircit les pages gauches de son journal, réservant les rectos aux informations du jour, conscient de ce qui se passe en France, pas à Vichy. Dans *Vingt ans en 40*, dédié à son père, il écrira : « Je ne lui [à son père] avais pas demandé grand-chose, pendant ces deux périodes de la guerre : la première, jusqu'à la fin de 1942, quand

Vichy ne m'intéressait guère ; la seconde, à partir de 1943, quand Vichy n'existait plus. » C'est au début du même livre que je découvrirai l'enchaînement des faits qui, en quelques heures, a précipité ma famille dans la sous-préfecture de l'Allier où s'est installé le gouvernement d'une France sous emprise allemande.

Mon grand-père est réclamé à Vichy afin d'y rejoindre l'amiral Darlan qui commande la Marine française. Ils y partent en famille, le 27 juillet 1940, jour précis des vingt ans d'Olivier. Le capitaine de corvette Louis Guichard est rentré dix jours avant des Pays-Bas où il était affecté au poste d'attaché naval auprès de la reine. Il s'est arrêté à Londres où il retrouve son ami écrivain Paul Morand. Ils prennent la même décision, rentrer en France. Morand l'expliquera ainsi à mon père quelques années plus tard dans une lettre : « À cette époque, on n'avait pas encore inventé la conscience ; on recevait ses ordres de plus haut. »

À Londres, lors de son passage, il rencontre de Gaulle. Les deux militaires partagent la passion de leur pays, l'honneur de le servir, des états de guerre plus qu'honorables, un goût pour l'écriture, une éducation stricte, traditionnelle et bourgeoise, et une connaissance commune, Philippe Pétain. Leur ligne de démarcation : pour de Gaulle, Pétain « est mort en 1925 » lorsqu'il a accepté de remplacer Lyautey au Maroc ; pour mon grand-père, le maréchal mourra en 1942, le 24 décembre, jour de l'assassinat de Darlan à Alger.

Mon père a pris le temps de comprendre et de se remettre d'aplomb. Il a attendu vingt ans après la mort de son père pour s'exprimer sur cette période où, comme il le souligne, il est né une seconde fois, « en 1947, ayant découvert une source de vie nouvelle dans ma rencontre avec le Général ». Une double paternité, aux ramifications plus proches qu'elles n'y paraissent. Pour nous, de Gaulle est une sorte de troisième « grand-père », absent de nos réunions familiales et si présent pourtant, les deux légitimes lui ayant abandonné la place sans le savoir, l'un par son silence, l'autre par son caractère.

Mon père aurait aimé écrire sur ses « deux filiations », avoue-t-il, et « retrouver en moi-même ce que je dois à chacun des deux. Ce serait une manière de parler de mon père – un sujet que je ne sais pas comment aborder. Rien ne semble pourtant plus naturel… Du Général, cela me semble plus facile », note-t-il en août 1993. Il imagine faire « deux colonnes et nuancer » tant leurs convictions sont « profondes et analogues » sur « le catholicisme, le sens de l'État, la Patrie, la famille, les femmes, l'Art. C'est peut-être sur la littérature que je les trouverai le plus éloignés et sur la pudeur profonde le plus proches ».

Ces deux ans de Vichy m'habitent depuis cinquante ans. Le temps passant, les témoignages aidant, les lectures dénouant de nombreuses zones d'ombre, sans pour autant m'en faire une raison, je tente de me dessiner les contours plausibles d'une situation que je peine à comprendre. En 1914, fraîchement émoulu de l'École navale, Louis Guichard, à vingt ans, prend le commandement d'un dragueur de mines, puis de vedettes lance-torpilles et finit dans les fusiliers-marins en 1918, avec de nombreuses citations et médailles dont la Légion d'honneur et la Distinguished Service Cross des États-Unis.

Au sortir de la Première Guerre mondiale, il est un de ces valeureux officiers qui voient dans le maréchal Pétain, le vainqueur de Verdun. Mais sa pleine admiration va à François Darlan. De treize ans son aîné, celui qui prend le titre spécialement créé pour lui d'Amiral de la flotte à la veille de la Seconde Guerre mondiale sert la Marine française depuis 1901 et en a fait une des plus puissantes au monde. Comment le capitaine de corvette Louis Guichard, né à Saint-Nazaire, frère de deux autres marins, la fidélité chevillée à son corps d'armée et à ceux qui le dirigent, pouvait-il ne pas rallier Vichy à la demande expresse de son héros, Darlan, la seule personne qui compte à ses yeux ?

De Gaulle l'évoque toujours avec un mépris certain, « le lamentable Darlan » ou « le pitoyable Darlan ». Beaucoup avancent des éléments propres à impliquer le Général dans son assassinat par Fernand Bonnier de La Chapelle. François d'Astier de La Vigerie est plus souvent cité comme ayant joué le rôle principal. Mais cette exécution de deux balles à l'arrière de la tête reste une des plus grandes énigmes judiciaires et politiques de l'époque.

Le général de Gaulle suivi de mon père en visite en Mauritanie en 1957.

À Lyon, avec ma grand-mère maternelle, Marie Aynard-Vincent dite Mammy.

En haut : Jacques Chaban-Delmas et mon père.
En bas : Olivier Guichard et Roger Frey accueillis à Tahiti lors du voyage du général de Gaulle en Polynésie en 1956.

Mes grands-parents paternels, Louis et Madeleine Guichard (Daddy et Bonne-Maman) à Ker Olivier.

En famille, mon père et ma mère entourés de leurs trois filles, Malcy, Aline et moi.

Le Premier ministre Georges Pompidou avec mon père et Roger Frey à la fin des années 60.

En haut : Ma mère, Suzanne Guichard, en 1981.
En bas : Mon père et ma mère devant la gare de La Baule lors du centenaire de la station en 1979.

Valéry Giscard d'Estaing, Ladislas et Michel Poniatowski à la fête de l'amitié dans l'Eure dans les années 80.

Pour une partie des militaires, alors, opposés à la dissidence comme mon grand-père, suivre Pétain relève de la seule obéissance. Le traître, c'est de Gaulle, qui par son exil londonien cautionne la politique de son hôte, le Premier ministre du roi d'Angleterre, Winston Churchill. Le même qui a envoyé, début juillet 1940, la Royal Navy anéantir la flotte française à Mers el-Kébir afin qu'elle ne risque pas de tomber aux mains de l'ennemi.

Chaque fois que quelqu'un tente de m'expliquer la présence de Daddy à Vichy, la version est toujours la même : « Ton grand-père n'y était que pour Darlan », « Le jour où Darlan a été assassiné, il a tout abandonné ».

Un peu plus, et les faits s'inscrivent de façon romanesque dans une grande passion contrariée où l'un se tient, en retrait, à l'ombre de l'autre. Je comprends et accepte que les valeurs d'admiration et de fidélité agissent comme des aimants. Jusqu'à la lecture, récente, d'un document publié le 16 août 1942 où je lis que la veille, le 15, jour de l'Assomption, Louis Guichard a représenté Laval au pèlerinage du Puy-en-Velay. La rafle du Vél' d'Hiv' a eu lieu trente jours plus tôt, le 16 juillet, avec le soutien actif du chef du gouvernement français, qui a pris l'initiative de ne pas séparer les enfants de moins de seize ans de leurs parents. Onze jours plus tard, le 26 août, les mêmes autorités, seules, c'est-à-dire sans le concours des Allemands, rafleront près de sept mille Juifs en zone libre en suivant à la lettre le conseil donné par l'écrivain antisémite Robert Brasillach dans l'hebdomadaire *Je suis partout* quelques semaines auparavant : « Et surtout, n'oubliez pas les petits ».

Du plus neutre au plus maudit, aucun nom ni aucun mot issus de cette période n'ont jamais été prononcés devant moi. Je ne les ai pas plus entendus derrière une porte mal fermée. Encore des pages du dictionnaire familial disparues de ma mémoire. Peut-être pas puisque, depuis longtemps, mes nuits les plus agitées vomissent des trains débordants de fantômes qui roulent vers des lieux de sinistre mémoire. Lors des plus violentes, j'affronte des groupes d'uniformes vert-de-gris qui pointent leurs armes sur ma tête. Et le rôle que je tiens parfois dans mon sommeil déclenche des réveils qui me paralysent : spectatrice de scènes d'épuration, je suis incapable d'en arrêter l'enchaînement fatal.

J'ai tellement cherché d'où venaient les abîmes dans lesquels me plongeait ma vie onirique que j'ai espéré trouver des racines juives chez mes ascendants. Elles m'auraient apporté, au moins, l'explication tant attendue. Le soulagement, j'en doute tant elles auraient charrié de malheur. Dans mes cauchemars, la journée du Puy-en-Velay m'a ouvert l'esprit sur ces mensonges par omission.

Je me console avec une lettre de mon grand-père destinée à son fils, récemment dénichée dans une caisse de documents. Elle est datée du 17 juin 1940 et surtitrée « Jour de malheur » : « Nous voici tombés, écrit-il. En écoutant Pétain, tout à l'heure, j'ai dû éclater en pleurs. On est assommé, comme saigné à blanc. La trahison au Nord, la lâcheté au Sud ont permis le triomphe de la brute mystérieuse. »

12

« JE NE VOUS OUBLIE PAS »

Cette lettre, comme d'autres et de nombreux écrits qui ont survécu m'autorisent à sortir mon père du silence dans lequel, à mon tour, je l'ai enfoui. Notre incapacité à communiquer a si bien fonctionné. J'ai découvert dans ses livres que mon père halait des péniches en Allemagne à travers les écluses avant de les faire sauter et comment il a vécu Mai 1968. Concernant ses interrogations sur l'engagement de son père durant la Seconde Guerre et sur sa famille de façon plus globale, il entretient le flou. Mais quelques boîtes en carton, des chemises délavées et des pelures frappées de carbone ont permis de faire la lumière sur sa vraie famille, la politique.

Impossible, pour lui et moi, réservés tous les deux, d'aborder ces sujets. Il aurait fallu nous créer des plages de conversation en tête à tête que ni la nuit, ni le téléphone, pas plus une présence inopportune n'auraient pu interrompre. Il aurait surtout fallu souhaiter ces échanges de part et d'autre, et qu'il lui arrive d'être seul. Ce ne fut jamais le cas.

Il n'y en eut donc pas, à moins qu'ils n'échappent à mon souvenir à cause de leurs occasions restreintes, souvent minutées, et des circonstances qui nous plaçaient plus souvent côte à côte. En voiture généralement durant les trajets en Loire-Atlantique que je redoute. Chaque croisée de chemins possède son calvaire et le mien commence lorsqu'il démarre. Des remparts de Guérande aux canaux du parc de Brière, du port du Croisic à La Chapelle-des-Marais, mon père connaît chaque buisson de sa circonscription et, si belle soit la route, il la considère comme sienne, il a envie de rentrer au bercail. Parti en retard, il décide de faire en vingt minutes une distance qui doit en prendre trente à toute personne ayant un volant entre les mains. Les miennes se crispent au bord du siège avant droit, j'extrapole *in vivo* l'expression « être à la place du mort » et je n'ose pas lui dire que je préfère monter à l'arrière. De toute façon j'ai le mal des transports. Une seule parenthèse m'apaise durant laquelle je reprends ma respiration : lorsque la voiture bifurque au coin de la devanture du charcutier de Saint-Molf. On est à mi-chemin.

Mon absence de questions l'a sans doute persuadé une fois pour toutes du manque d'intérêt que sa deuxième fille porte à son existence. Il doit penser que ses livres en disent suffisamment long pour un homme étiqueté secret. Ce qui explique mon envie, que je sais par avance inassouvie, de plonger dans ses archives personnelles. Si regrets il y a, ils sont nés là, avec la masse d'étonnements qu'a déclenchés la lecture de documents parfois insignifiants et parfois essentiels.

Que fait, dans une chemise beige aux armes de la Préfecture de police, le procès-verbal daté du 16 octobre 1959 à 1 heure 15 du matin relatant la tentative d'homicide volontaire dont fut victime François Mitterrand à l'angle de l'avenue de l'Observatoire à Paris, et les auditions des jours suivants ? Ces papiers n'ont pas pour mission de servir à confondre qui que ce soit, mon père est imperméable aux coups bas. Pour affronter ses adversaires, il use de ses convictions. Comme en janvier 1971, en duel télévisé – format très à la mode à cette époque – face à François Mitterrand qui allait prendre la tête du PS au congrès d'Épinay quelques mois plus tard. Une fois élu premier secrétaire, il vint en Loire-Atlantique soutenir le candidat socialiste à l'élection législative de septembre 1974 contre Olivier Guichard, et invita ce dernier à débattre avec lui en public, ce que mon père fit volontiers et avec les mêmes armes républicaines.

Comment réagit-on à un rapport classé « Confidentiel » daté d'octobre 1953 où un délégué du RPF, retour de mission en France, évoque un parti « en voie de dislocation » et ajoute : « L'heure du général de Gaulle est passée » ? Surtout si le parti en question n'a plus un sou, et que les heures, les semaines et les mois qui passent n'exaucent pas les espoirs du Général et ceux des hommes qui l'accompagnent.

Mais, par-dessus tout, j'aurais désiré connaître son sentiment à la lecture des lettres, des trois lignes dans un coin de page, des traits de plume ou d'humour, lorsqu'ils sont signés des initiales *G d G* ou *G G*. Plus qu'un fait ou son déroulement, le pouvoir émotionnel que possèdent les mots me saisit.

De l'amusement, de l'énervement, de l'ennui, de la lassitude, par quels sentiments est-il passé ? Les commentaires journalistiques entament peu son flegme légendaire, et le temps n'a fait que l'en détacher un peu plus. Mais l'écriture de De Gaulle puis celle de Pompidou détiennent un pouvoir autrement important, celui que confèrent les liens forgés dans l'adversité, fût-elle pour finir victorieuse. Je suis surprise de l'émoi que provoque chez moi, presque soixante-dix ans après, l'écriture du Général. Pourtant ce dialogue par plumes interposées fait fi du changement de siècle et m'impose, naturellement, la présence des deux interlocuteurs, comme s'ils se trouvaient dans la pièce d'à côté.

Le Général à Colombey et Guichard rue de Solferino – l'éloignement multiplie les échanges, d'autant que la parution des *Mémoires de guerre* exige de nombreuses corrections qui requièrent une validation par écrit. Il serait fastidieux, sauf pour un travail d'historien, de scruter chacune d'entre elles. Ce qui me touche, ce sont les lignes qui parlent des hommes, chez celui qui écrit comme chez son destinataire.

Décembre 1954. Il reste trois ans avant la fin de la traversée du désert et de Gaulle, conscient des incertitudes que les années font peser, tente de les colmater, et caresse dans le bon sens, geste inhabituel de sa part, son « Vieux Guichard » : « Votre tâche, votre rôle ne sont pas aisés. Sachez que je m'en rends bien compte et que je vous sais grand gré de la manière excellente dont vous portez la charge. » Du baume au cœur de l'attente.

Trois ans plus tard, à la veille d'une année historique, 1958, alors que de Gaulle présente ses vœux, rue de Solferino, et évoque une prochaine « vague », mon père lui écrit le lendemain : « L'espoir qu'elle va naître un jour de cette mer qui n'est plus silencieuse mais muette, nous aide à conserver notre vie sur le plan que nous avons choisi. »

Comment ne pas être stupéfaite par une des dernières notes du Général où il écrit à mon père : « *La Nacion* de Buenos Aires publie le texte des *Mémoires* en m'intitulant “Maréchal”. Prière de faire d'urgence le nécessaire pour qu'on ne me revête pas de ce titre. » Dans le même ordre d'idées, comment ne pas sourire à cette autre note datant de 1959 où les éditions Plon préviennent mon père qu'elles s'apprêtent à publier un livre intitulé *Survivre à de Gaulle*, ajoutant que si ce titre ne convenait pas au Général, l'éditeur serait prêt à le modifier ? Celui qui est désormais chef de l'État la retourne à Guichard avec ces mots : « Je ne vois aucune objection à ce qu'on me survive. Au contraire ! » Je lis enfin, sur la dernière lettre du premier président de la Ve République, quelques mois avant sa disparition : « Croyez bien que je ne vous oublie pas, non plus que tant de choses que nous avons faites ensemble depuis vingt-deux ans ! » De Gaulle a souvent dit que seul comptait ce qu'il écrivait.

La correspondance entre ces deux hommes relève tout autant de la politique que de l'intime. J'y trouve ce que journalistes, écrivains, historiens ne me laissaient plus espérer à la lecture de leurs commentaires sur les barons du gaullisme, Guichard en particulier : une proximité peu courante avec ce personnage mythique du XXe siècle. Une reconnaissance et un attachement qui ont dépassé les événements et ont perduré malgré les chaos de l'histoire.

Les échanges avec Georges Pompidou ont une tournure différente. Il n'est pas vis-à-vis du mien le père de substitution, il est d'abord l'ami qui écrit en juillet 1968 après avoir été « débarqué » par de Gaulle : « De toute manière, nous resterons près l'un de l'autre si vous le voulez bien. » Et, dans un de ses derniers mots manuscrits de 1973 – il meurt en avril 1974 : « Votre amitié m'est précieuse dans un moment où tout est changement et où ce qui reste n'en a que plus de valeur. »

Pompidou n'en demeure pas moins le patron qui s'intéresse particulièrement au secteur qui fut le sien et celui de sa famille, l'Éducation nationale. Sur une note glissée durant le Conseil des ministres, on peut lire à l'adresse de mon père, en charge du secteur : « Savez-vous qu'il existe à Vincennes paraît-il une UV "combat de rue", une UV "initiation sexuelle ?" », un énorme point d'interrogation soulignant l'étonnement du Président. Quelque temps après il s'inquiète, « une bonne source » lui ayant relaté « l'indescriptible anarchie » qui régnerait dans un lycée de Toulouse, évoquant même « des scènes de violence diverses, des séances de fumerie de haschich ». Guichard, ministre de l'Éducation nationale, lui répond après enquête et confirmation du bon fonctionnement du lycée en question, que dans les douze derniers mois on relève simplement « un élève exclu pour insolence et deux pour mauvaise tenue au réfectoire »... mais « qu'il se tient bien entendu à la disposition de l'informateur ». Sans manquer au respect et à l'amitié, il lui est parfois opportun d'utiliser ce qu'il considérait comme les trois « armes » indispensables en politique : « la sérénité, l'humour et l'ironie ».

À travers ces éléments, je ne cherche pas confirmation de la place qu'ont tenue les uns et les autres dans son existence, je la connais. J'ai mesuré la confiance dont mon père jouissait auprès d'eux et réciproquement. Et celle que les Français ont prodiguée aux hommes de cette génération d'après-guerre, même lorsque la République tremblait, que le pays vacillait ou que le doute s'installait.

13

EX-FUTUR PREMIER MINISTRE

« Je ne connais personne aimant autant la vie qu'Olivier, écrit son ami le journaliste Jean Mauriac. Il jouit du simple plaisir d'exister. Je lui ai toujours appliqué ces vers de La Fontaine, "J'aime le jeu, l'amour, les livres, la musique, / La ville et la campagne, enfin tout…" Tout jusqu'à la vie mondaine. » Si la constance de son inconstance a paru le satisfaire, elle lui a valu des déboires politiques, voire professionnels. Les années passées à attendre un maroquin de ministre ont compté double, et des journalistes bien informés avancent même qu'il en aurait raté le poste le plus prestigieux du gouvernement, celui de Premier ministre.

Il l'a manqué à plusieurs reprises et au challenge d'ex-futur Premier ministre, il peut se vanter d'avoir devancé tous ses collègues de la Ve. « L'hypothèse Guichard » était même devenue un leitmotiv, traitée comme telle lors d'un colloque qui lui fut consacré. Sur les sept qu'il aurait manquées, l'occasion la plus importante qu'il lui a été donnée d'accéder à Matignon date du printemps 1972. J'étais fraîchement mariée, et à l'époque mes centres d'intérêt m'éloignaient des valses hésitations du pouvoir concernant un éventuel remaniement et des bruits de couloir qui l'accompagnent. La presse politique, elle, se doit de les pister et de les suivre. J'ai ainsi découvert plus tard le déroulement des vingt-quatre heures de la vie d'un homme qui favorisa sa vie privée au détriment des responsabilités, de la reconnaissance et de l'amitié. Les faits rapportés, si ce ne sont les propos qui varient d'un auteur à l'autre, ont un indéniable parfum de crédibilité.

En avril donc, le président de la République, Georges Pompidou, ne cache pas qu'il cherche un successeur à son Premier ministre, Jacques Chaban-Delmas. Il demande à mon père, un de ses amis les plus proches comme on sait, de venir déjeuner avec lui en tête à tête au fort de Brégançon où il passe quelques jours. Après avoir essuyé un premier refus de mon père sous prétexte qu'il part lui aussi en week-end, Pompidou insiste et, face à un second refus, aurait lâché prise : « Olivier ne pense quand même pas que je vais me mettre à genoux. »

C'est ainsi que Pierre Messmer sera nommé quelques semaines plus tard. Certains y ont vu un refus de l'obstacle, d'autres l'expression de sa fidélité au partant et forcé de partir, son ami Chaban-Delmas…

La vérité est doublement plus prosaïque. D'abord, la marque Citroën lui avait prêté pour trois jours sa dernière création, une SM, moteur 6 cylindres en V

Maserati et il n'avait qu'une envie : s'en servir pour descendre au plus vite dans le sud de la France. Ensuite, il ne comptait en rien bouleverser les journées qu'il passait à Grimaud, à trente kilomètres de Brégançon, chez son amie Daisy de Galard qu'il épousera en 1990, le jour de ses soixante-dix ans. Devant notre étonnement à l'annonce de son remariage il nous donnera une explication qui nous laisse encore rêveuses trente ans après, ma sœur et moi, et qui confirme l'incapacité Guichard à exprimer un sentiment : « On a le droit, on est tous les deux veufs. » C'est un peu court, aurait écrit Edmond Rostand. Il aurait pu dire, sentimental : « Il y a si longtemps qu'on s'aime », ou, tendre : « Nous sommes heureux ensemble », sinon, fuyant : « Je lui ai promis », égocentré : « Ça lui fait plaisir », voire paternel : « Oh, mes chéries, rien ne changera entre nous », ou simplement pratique : « Vous n'aurez pas à vous occuper de moi. » Il aurait pu simplement ajouter à n'importe quel moment un « Ça ne vous ennuie pas ? », qui ne nécessitait pas de réponse et que nous aurions pris comme tel. Mais non, il s'en était tenu à l'explication qui lui paraissait aller de soi.

Journaliste, créatrice et productrice de *Dim Dam Dom*, émission culte des sixties, Daisy de Galard est une femme de médias reconnue pour son intelligence et son professionnalisme qui, à ce titre, siégera durant neuf ans au Conseil supérieur de l'audiovisuel. Aline et moi ne la rencontrons pas ou peu avant la disparition de notre mère, contrairement à Malcy dont la jeunesse s'est déroulée proche des parents et de leurs amis dont elle faisait partie. Ce que nous connaissons, c'est la place qu'elle occupe depuis toujours dans notre famille, en filigrane, avec de l'officiel et de l'officieux, et qui, à partir de 1982, sera officialisée.

Lors de six autres éventualités, si le nom de Guichard pour Matignon revint comme un refrain durant dix ans, les circonstances furent différentes, et les raisons de sa non-accession au poste eurent peu à voir avec sa vie privée. En 1969 déjà, lors de l'élection présidentielle qui suit le départ du général de Gaulle, son ami Pompidou hésite entre deux hommes pour le seconder. « Je n'avais le choix qu'entre Chaban et Guichard, reconnaîtra-t-il. Dans le contexte de 1969, j'ai pensé que Chaban convenait le mieux. Mais après, je ferai appel à Guichard. » « Après », ce sera donc le déjeuner refusé de Brégançon.

On a dit que, malgré tout, Pompidou avait repensé à lui en 1973 pour remplacer Pierre Messmer à la suite des élections législatives. « Je crois qu'il y a une grande vraisemblance pour que, si la majorité est reconduite, M. Guichard fasse un pas de plus et devienne Premier ministre », affirme le journaliste Roger Priouret sur RTL. Mais le trio Chirac-Juillet-Garaud est passé par là, j'y reviendrai. À moins qu'il ne soit trop proche de l'idéologie « Chaban-Delmas » dont le Président a soupé.

Au tout début de l'année 1974, trois mois avant le décès de Georges Pompidou, Paris bruisse à nouveau du départ de Messmer et de la nomination de

Guichard, au point que François Mitterrand, premier secrétaire du Parti socialiste, confie en privé : « Mais Olivier Guichard n'est pas mal du tout. Il parle peu mais il a une force politique, une force tout court. Évidemment, les Français le trouveront un peu lent, mais ce serait un bon Premier ministre. »

En mai de la même année, Valéry Giscard d'Estaing accède à l'Élysée, le nom de mon père résonne à nouveau au cœur des médias et dans ma belle-famille. Michel Poniatowski me glisse à l'oreille dans la semaine qui suit le second tour : « J'ai poussé et je pousse pour que ton père soit Premier ministre. » S'il n'a pas été écouté, Giscard souhaitant un Premier ministre plus jeune que lui, il m'en reparlera souvent et d'autant plus lorsque le couple Giscard-Chirac commencera à battre de l'aile, ce qui ne tardera pas à se produire et lui donnera raison. Michel Debré confirme la tendance à Robert Poujade : « Poniatowski continuera à jouer Guichard pour la sécurité de la transition, pour dix-huit mois. »

Je lirai trente ans plus tard qu'au même moment, évoquant le choix que doit faire VGE, le même Michel Poniatowski confie à Michèle Cotta, le 21 mai 1974 comme elle le précise dans le premier tome de ses *Carnets secrets de la Ve République* : « … qu'il recommande un Premier ministre technique, surtout pas politique… » L'ancêtre de mon beau-père, Talleyrand, l'avait bien dit : « La parole a été donnée à l'homme pour déguiser sa pensée. »

Durant l'été 1976, Jacques Chirac claque la porte de Matignon, et cette fois-ci mon père ne refuse pas l'invitation du Président à le rencontrer, contrairement à ce qu'il avait fait avec Pompidou quatre ans plus tôt. C'est pour entendre Giscard lui dire qu'il a beaucoup pensé à lui, mais qu'il a finalement décidé de nommer Raymond Barre à sa place.

Giscard s'expliquera ainsi dans ses mémoires, *Le Pouvoir et la Vie* : « Olivier Guichard, que je faisais sonder, mais qui me renvoyait des signaux négatifs : d'accord, à la limite, pour une fonction ministérielle, mais refus du poste de Premier ministre où il lui paraissait impossible d'obtenir le soutien du groupe UDR, trop secoué par le départ de Jacques Chirac. »

Il y a trois ans, lors d'un dîner chez la journaliste de *Paris Match* Caroline Pigozzi, Valéry Giscard d'Estaing, le seuil de la porte à peine passé, me lança, comme si la question l'avait hanté tout l'après-midi : « Je me demande toujours pourquoi votre père a refusé le poste de Premier ministre que je lui ai proposé. » Comment ça ? les hommes politiques tiendraient donc un double langage ? Ma stupéfaction ne l'empêchera pas de se régaler du *vitello tonnato* que Caroline réussit comme un vrai chef italien.

Enfin, à la toute fin du septennat de Giscard, Guichard aurait été pressenti pour remplacer Raymond Barre durant les derniers mois précédant l'élection présidentielle. Hypothèse peu crédible étant donné les remous récurrents qui l'opposaient au patron du RPR, Jacques Chirac.

VGE allait se représenter et il avait besoin du soutien de toutes les composantes de sa majorité, le RPR paraissant déjà lui faire défaut. Barre ne lui apportait certes pas cette aile droite mais Guichard Premier ministre n'inverserait pas la tendance, voire l'amplifierait. Il était en cessation de parti.

14

« LE PLUS FIDÈLE ENNEMI »

L'homme qui a créé, avec d'autres, le RPF n'a jamais eu sa place au RPR. En relisant l'histoire, on peut dater le moment où l'épine s'est glissée dans le pied. En 1947, Jacques Soustelle, un des fondateurs du RPF, qui a rallié Charles de Gaulle dès 1940, cherche les hommes qui vont, à ses côtés, partir à la conquête des Français. Mon père, sans en avoir la carte, vient d'adhérer au mouvement chargé de la région du Grand Sud-Ouest secondé par Roger Frey pour Toulouse et Pierre Juillet pour le Limousin. Il va sillonner la région grâce à la voiture prêtée par ses parents, une Renault Juvaquatre à trois vitesses, pas de clé pour la fermer, et un détail non négligeable en cette fin d'année 1947 : par temps froid, il faut dérouler un écran devant le radiateur en tirant sur un anneau sous le tableau de bord, et le replier sur enrouleur quand le moteur est chaud !

Pierre Juillet vient de croiser sa route, ils ne se quitteront plus, et les accidents de parcours seront nombreux, encore plus à l'arrivée du numéro deux de ce couple diabolique, Marie-France Garaud.

En 1954, lorsque Pompidou entre chez Rothschild, Philippe Alexandre assure qu'il « a longuement hésité entre deux de ses amis, Pierre Juillet et Olivier Guichard » pour le remplacer auprès du Général. C'est l'ami Olivier qui tire le gros lot. Juillet, lui, après un an passé entre 1958 et 1959 aux côtés d'André Malraux, part dans le privé jusqu'en 1962 où Georges Pompidou l'appelle à Matignon comme conseiller technique. Il y retrouve Guichard, chargé de mission directement rattaché au Premier ministre et ils préparent tous les deux les élections pour l'UNR, l'Union pour la nouvelle République.

Le parti a été créé en 1958 dans le petit bureau de mon père, mitoyen de celui du Général à Matignon. Ce dernier laisse faire, assuré que les hommes qui l'entourent travaillent à gagner les suffrages.

« Un jour de l'été, note mon père, Chaban, Soustelle et Frey étaient réunis avec moi. Curiosité ou envie de faire quelques pas, le Général ouvrit la porte… et nous considéra avec étonnement : “Tiens, qu'est-ce que vous faites là ?” dit-il l'air suspicieux. Je lui répondis que nous préparions un mouvement en vue des élections. Je n'ai pas le souvenir exact de ce qu'il ajouta avant de refermer lentement la porte, mais je peux assurer que cela voulait dire : “Ah, bon.” » Imagine-t-on un Président accorder autant de confiance à son entourage, sauf à savoir que l'un comme les autres partagent, de façon désintéressée, une même passion, l'avenir de leur pays ?

Pierre Juillet n'a jamais caché son allergie envers les « barons », « en particulier Frey et Guichard » dont il se plaignait qu'ils l'aient « laissé tomber au temps de leur splendeur après 58 ». Et leur proximité avec Pompidou attise chez l'un une jalousie qu'il fera durablement et subtilement payer à l'autre. Le préfet Jacques Pataut, chargé de mission au cabinet en même temps qu'eux, révèle dans un entretien en 1995 : « Juillet, c'était un peu la souris dans le gruyère… son influence sur Georges Pompidou n'était pas susceptible de contrebalancer celle de Guichard. » Quant à l'ancien préfet de Paris, Olivier Philip, il confirmera que « Guichard avait un rôle plus important à l'époque que Juillet dans le domaine politique ».

Quand, en 1967, Guichard entre au gouvernement, Marie-France Garaud rejoint Pierre Juillet à Matignon. Ils ne quitteront plus Georges Pompidou jusqu'à la fin tout en commençant à veiller sur un jeune secrétaire d'État à l'Emploi de trente-cinq ans, Jacques Chirac. À partir de là, leur influence ne va plus cesser de croître, rarement au profit d'Olivier Guichard.

Le duo plaidera pour les Premiers ministres de son choix, sur le mode TSG, Tous Sauf Guichard, comme en 1972 où les hésitations de mon père durant quarante-huit heures leur laissent, de surcroît, le temps de pousser Pierre Messmer auprès de Pompidou. Michel Poniatowski employait le mot « tripode » lorsqu'il parlait du trio Chirac-Juillet-Garaud, nom communément utilisé aujourd'hui pour caractériser le système d'accès à un lieu composé de trois barres qui bloquent le passage.

Deux ans plus tard, le couple mitonne l'opération des « 43 » avec Chirac, ministre de l'Intérieur, qui favorise ainsi Valéry Giscard d'Estaing dans sa conquête de l'Élysée contre Jacques Chaban-Delmas. Il sera élu le 19 mai 1974. Guichard avait déclaré le 22 avril 74 à l'AFP : « La publication de documents du ministère de l'Intérieur dans la presse ne va pas dans le sens de la dignité et de la non-agression. »

De là naît l'inimitié, pour rester dans des mots convenables, que mon père ne va cesser de vouer à Jacques Chirac durant trois décennies, la seule qu'il exprime au long des cahiers qu'il a noircis depuis la fin des années 1930. Il arrive en tournant une page, au fil d'un paragraphe, au détour d'une année que je découvre de l'agacement, de l'ironie et même une réaction d'énervement à l'encontre d'un acteur de la Ve République. Jamais une antipathie aussi marquée. Même Pierre Juillet et Marie-France Garaud trouvent grâce à ses yeux bien qu'ils aient tiré, par-derrière, les fils de leur marionnette préférée.

En octobre 1976, parti du gouvernement alors que mon père vient d'y entrer, Jacques Chirac, à l'occasion de sa campagne électorale pour retrouver son siège de Corrèze, se demande publiquement « de quel droit Monsieur Olivier Guichard l'invite à prendre sa part de discipline ? », ajoutant : « Mon rôle est de montrer le chemin… Si l'honneur et le risque m'en reviennent, c'est que d'autres plus anciens n'ont pas cru devoir, ou n'ont pas pu, prendre la charge. »

Quinze jours plus tard, un sondage IFOP pour *Le Journal du Dimanche,* classe les politiques en fonction des opinions positives récoltées. En tête, deux femmes, Simone Veil (66 %) et Françoise Giroud (56 %), en troisième et quatrième position, les deux futurs présidents de la République, François Mitterrand (53 %) et Jacques Chirac (49 %), et, en numéros 5 et 6, mon beau-père Michel Poniatowski et mon père, avec respectivement 43 et 42 % d'avis favorables. La réaction du côté du futur député de la Corrèze sera immédiate : « Les peuples en marche vers la démocratie se sont d'abord débarrassés des barons et des princes qui monopolisaient le pouvoir. » Le baron Olivier et le prince Michel savent à quoi s'en tenir.

Ils occupent alors respectivement les places numéro deux et trois du gouvernement, tous les deux ministres d'État, le premier à la Justice, le second à l'Intérieur. Comme en écho au rêve de guillotine formulé par Jacques Chirac, le Premier ministre Raymond Barre, qui ne le porte pourtant pas dans son cœur, éjecte baron et prince du nouveau gouvernement qu'il forme en mars 1977.

L'antagonisme existait-il dès 1963, lorsque Georges Pompidou demandait à mon père de recevoir celui qui était alors conseiller à la Cour des comptes ? Guichard relate ainsi l'entrevue : « Chirac m'a dit : “Moi, j'arrive d'Algérie, j'ai hésité entre l'OAS et le pompidolisme… j'ai choisi le pompidolisme et maintenant vous pouvez compter sur moi." "Et le gaullisme ?" lui ai-je demandé. "Ah, mais ne me parlez pas de ce que je ne connais pas. Le gaullisme, ce n'est pas mon truc. Ce n'est pas ma génération. Je suis pour Pompidou." » On ne compte plus les occasions au cours desquelles Chirac déclarera plus tard être « venu au gaullisme en 1958 ».

La conversation a, semble-t-il, laissé des traces. En juin 1974, Jacques Chirac dit à Michèle Cotta : « Dans deux mois, je ferai un putsch sur l'UDR (l'UNR est devenue en 1968 l'Union des démocrates pour la République). Les barons sont morts sur le champ de bataille. »

Aux élections législatives partielles de septembre qui suivent la formation du premier gouvernement de l'ère Giscard, un journaliste de RTL commente ainsi la campagne de Guichard en Loire-Atlantique : « Le siège de la 7e circonscription de Loire-Atlantique, c'est d'abord celui d'un homme à abattre… Pour tous les prétendants au titre, un homme est dans le collimateur, Olivier Guichard, ancien ministre mais toujours baron du gaullisme. » En décembre, Chirac confirme : « Je m'invite à la table des barons au Conseil constitutionnel… je fais savoir aux autres convives que je m'oppose à l'accession d'Olivier Guichard à la tête de l'UDR, laquelle provoquerait une dualité inacceptable avec Matignon », dont il est le locataire.

Il semblerait que Guichard et Frey aient trop hésité sur leur stratégie. « Je n'ai jamais voulu m'en occuper parce que ça m'ennuyait, et j'ai sans doute eu tort en 74 pour que Chirac ne prenne pas le pouvoir », expliquera mon père en 2002.

Durant le septennat de Giscard, jusqu'à l'arrivée de François Mitterrand à l'Élysée, rien ne va plus. Chirac s'empare du secrétariat général de l'UDR et Guichard écrit : « Il trahit l'esprit même de la Ve République. » Chirac affronte Barre, lance l'appel de Cochin et Guichard écrit de nouveau : « Il trahit l'esprit majoritaire. » En 1979, l'ex-Premier ministre affirme : « Le seul et constant objectif que j'ai poursuivi en 1974, en 1978, et que je poursuis encore est d'empêcher que le parti socialiste ne parvienne au pouvoir, notamment à l'Assemblée nationale. » Mais lors de l'élection présidentielle de 1981, le QG de campagne de Chirac appelle à voter Mitterrand et Guichard dresse le même constat : « Trahison de Giscard au second tour. » Avant de compléter en 1995, lors de l'accession au pouvoir suprême de Jacques Chirac : « Revoilà cet homme de parti au pouvoir. Mitterrand et lui ont suivi la même voie : être à la tête d'un parti – comme en rêvait Benjamin Constant ! Et comme le rêve du Général était de rendre ce rêve sans objet ! »

De 1976 à 1998, la présidence de la région des Pays-de-Loire confère à mon père une assise et une liberté de parole bienvenues, et le temps consacré à ces terres qu'il affectionne lui apporte l'exaltation politique qu'il ne connaît plus au niveau national.

L'intermède de sa nomination au ministère de la Justice, entre 1976 et 1977, ressemble à un défi pour lui comme pour Giscard. Il ne pensait plus être ministre mais Chirac ayant claqué la porte de Matignon durant l'été, VGE espère, en lui donnant en plus le titre de ministre d'État, garder au sein d'une majorité unie une grande partie des élus encore UDR. Je me suis demandé pourquoi il avait accepté ce poste, si ce n'est pour contrarier Jacques Chirac. Je n'ai pas trouvé mieux comme explication.

Quand il en part un an après, le Premier ministre Raymond Barre supportant mal le triptyque de ministres d'État au-dessus de sa tête – Guichard, Lecanuet, Poniatowski –, mon père répond au journaliste qui lui demande ce qu'il retient de son passage au ministère : « De ne jamais avoir à faire avec la justice de mon pays. »

Prémonitoire, hélas. En 1974, certains se plaignent que les barons bougent encore, symboles du « paléogaullisme », écrit alors Pierre Viansson-Ponté. L'existence, ne serait-ce que d'un d'entre eux, sa présence à un poste stratégique, fait l'effet du moustique-tigre qui gratte.

L'élection de Jacques Chirac comme président de la République aurait pu être l'occasion d'une trêve entre les belligérants, l'un d'eux ayant fini par accéder à la plus haute fonction du pays dont il rêvait depuis longtemps. C'est oublier qu'un président fraîchement élu commence par éradiquer le Vieux Monde. Guichard a soixante-quinze ans et lui soixante-trois, ça ne fait pas une telle différence d'âge à ce qu'il me semble.

À sa décharge, il maintiendra le « baron » au bureau politique du RPR « pour service rendu au mouvement ». Jusqu'en 1997, lors des élections anticipées par la dissolution de l'Assemblée nationale, où il se dit « pratiquement expulsé » par Chirac « parce que j'avais soixante-dix-sept ans aux législatives », comme il l'écrit dans son cahier, « puis en 98 aux régionales en ne me défendant pas contre l'UDF à cause de problème de mise en examen ».

L'UDF aurait refusé en effet de le soutenir au prétexte suivant : « Nous ne voulons pas de quelqu'un dont les rapports avec la justice ne sont pas clairs. » L'affaire a démarré en 1996 lorsque Hervé de Charrette, député et conseiller régional du Maine-et-Loire, a vu arriver les élections régionales de 1998 et le renouvellement de la présidence des Pays de Loire. Doté d'une grande souplesse idéologique et fort d'avoir toujours penché du bon côté en appartenant à des gouvernements sous Mitterrand comme sous Chirac, arguant de son intimité avec ce dernier, il envisage de ramasser la mise, et pointe les erreurs commises par mon père : avoir laissé l'Hôtel de Région commander pour son restaurant le lalande-de-pomerol Château Siaurac, avoir utilisé la carte d'autoroute de la région pour aller de son bureau nantais jusque chez lui en Gironde, et s'être servi de sa voiture de fonction pour le même trajet.

Parler d'« erreurs » implique de reconnaître que de telles questions puissent être soulevées, et que leurs réponses, pour certaines, puissent conduire à une mise en examen, non qu'elles constituent un « comportement criminel ». On commencera à parler de délits à partir du milieu des années 1990, où le sujet de la transparence en politique devient récurrent. Le dossier atterrit chez le procureur de Nantes, et lorsqu'il reçoit sa mise en examen en juillet 1999, rembobinant ses années d'élu et celles d'avant, mon père rappelle dans ses carnets : « Toujours sans voiture personnelle... longtemps sans appartement... sans vacances pour mes enfants... tout ça pour qu'un procureur m'inculpe d'avoir volé l'État. Je suis heureux d'avoir quitté la vie publique. » Comment lui serait venue l'idée de voler un État auquel il a tout donné, avec lequel il a tout partagé, dont cinquante ans de vie commune, d'une vie si publique qu'il était pour lui, dans ce domaine, inimaginable de cacher un fait, un geste ? Il fait partie d'une génération qui a vécu pour la politique et non des suivantes qui vivent de la politique, en professionnels de la profession.

Lors de son entretien quatre mois plus tard avec le juge d'instruction Petillon, celui-ci lui demande, à la fin, s'il n'a pas eu une impression d'« acharnement judiciaire » car il ne trouve pas beaucoup de choses sérieuses à lui reprocher. La convocation pour son procès arrivera par courrier le 20 janvier 2004, le matin du jour de sa mort. Son entourage affirme qu'il n'a pas eu le temps de l'ouvrir. L'action pénale s'est éteinte avec lui.

Charrette en sera pour ses frais et François Fillon sera élu à sa place. L'instigateur de tout ça aura juste empoisonné la fin de vie de mon père, me dégoûtant un peu plus, non de la politique, mais des hommes avides d'arriver au sommet sans avoir les moyens de leur ambition.

15

« CONGÉDIÉ COMME UN DOMESTIQUE »

À la veille de l'été 1969, il y a des noms à ne pas prononcer chez les gaullistes. Poniatowski en fait partie, juste après le plus révulsif d'entre eux, Giscard d'Estaing, dont il est le bras droit, le stratège. L'ancien ministre des Finances, député du Puy-de-Dôme et président des Républicains indépendants, vient de faire campagne pour le non au référendum proposé par de Gaulle avec l'explication suivante : « À la seule question posée, qui est d'approuver par une seule réponse l'ensemble du projet de loi, en ce qui me concerne, avec regret mais avec certitude, je ne l'approuverai pas. » Les gaullistes voient dans cette phrase une flèche mortelle plantée dans le dos du vieux Président.

Depuis début 1967 et sa fameuse formule du « oui mais », sous-entendant qu'il soutenait la politique du Général mais sous conditions, les jeux sont faits et rien ne va plus entre gaullistes et giscardiens. « Valéry avait alors deviné que son destin national ne passait plus par de Gaulle. La position de Pompidou paraissait si solide… » confiera Michel Poniatowski à Philippe

Alexandre. Dire que ça collait précédemment serait exagéré. Je suis même étonnée que personne n'ait songé à raconter le duel Pompidou-Giscard d'Estaing, tant il remplirait de pages. Les deux Auvergnats ne s'aiment pas, ce qui, en politique, constitue un non-événement, mais de nombreux obstacles conduiront leur couple du désamour au divorce. Tant de raisons à cela. L'un vient du Sud, le Cantal, fils d'enseignants et petit-fils de paysans, quand l'autre vient du Nord, le Puy-de-Dôme, avec un père polytechnicien, inspecteur des finances, et membre de l'Institut comme son grand-père maternel. On peut dater le début des tensions de l'année 1961, lorsque le Général propose le ministère des Finances à Pompidou, puis, devant son refus, à Giscard, une sorte de second choix.

En 1963, on passe aux bisbilles. Au début de l'année, Georges Pompidou crée la Délégation à l'aménagement du territoire et à l'action régionale (Datar), dont il confie la délégation générale à Olivier Guichard, directement rattaché à Matignon. Désormais, comme l'explique Pierre Rouanet, « l'ordre de priorité dans les choix que faisaient les ministres techniques » revient au Premier ministre et échappe au ministre des Finances, Giscard. Durant l'été, en réponse à la crise économique et aux mesures préconisées par Matignon qui privilégie l'expansion, de Gaulle soutient celles proposées par VGE qui vont la freiner. Il n'en faut pas davantage à ce dernier pour qu'il se considère comme intouchable et se la joue, sur le thème « je-fais-ce-que-je-veux-et-si-ça-ne-te-plaît-pas-je-passe-directement-par-l'Élysée ». En effet, ça ne plaît pas à Pompidou et, lorsqu'il est reconduit Premier ministre, en 1965, il demande et obtient le départ de son ennemi qui se plaint d'avoir été « congédié comme un domestique ».

Lors des événements de 1968, Giscard, constatant l'ouverture d'une fenêtre de tir pour récupérer la place de dauphin, ne faiblit pas. Fin mai, alors que personne ne sait où est passé de Gaulle, il forme à haute voix les souhaits de le voir revenir, et dans le même temps de voir Georges Pompidou se retirer : « Le gouvernement a été dans l'incapacité de régler la crise. Il doit s'en aller. En revanche, le président de la République qui incarne la légitimité nationale et républicaine, doit rester et c'est autour de lui que doit se rétablir l'État. » S'en aller ? Il n'en est pas question. Le Premier ministre est aux affaires à Matignon comme depuis le début de la crise, et Guichard à ses côtés. Le 30 mai, de Gaulle retrouvé. Ils espèrent le succès de la manifestation prévue le soir même sur les Champs-Élysées qui verra un million de personnes défiler contre « la chienlit ».

Un mois plus tard, lors des législatives anticipées, Michel Poniatowski aura un candidat contre lui dans le Val-d'Oise, par représailles. Fin juin 1969, au grand dam des gaullistes qui le considèrent comme « l'homme qui tua Charles de Gaulle », Giscard récupère les Finances. Georges Pompidou vient d'être élu

Président, l'autre Auvergnat rentre désormais, pour lui, dans la catégorie profit plutôt que perte.

Si bien qu'à cette époque, prononcer le nom Poniatowski dans ma famille revient à parler de Harry Potter devant Voldemort. Ce que je fais néanmoins un jour, au téléphone, avec ma mère. Je viens de rencontrer le fils aîné de Michel Poniatowski, Ladislas, et ne suspecte pas la moindre embrouille puisqu'il a fait la campagne de Pompidou tout comme moi. « Ladislas Poniatowski ? Il a un rapport avec Michel ? » grince ma mère. Mon « Ben oui ! » déclenche une franche rigolade au bout du fil, suivie de : « Quand ton père va savoir ça… »

Il a su, il a vu et il s'en est remis. Les préjugés ne font pas partie de sa personnalité, une de ses grandes qualités, il pousse même l'exercice jusqu'à la tolérance, voire le laxisme quand il s'agit de la famille. Il est à peine au courant de nos études ou le cache bien, ne nous incite pas à chercher une voie post-bac, et a prononcé des mots déconcertants le jour où j'ai osé aborder le sujet : « Ah bon, parce que tu veux travailler ? » Sa mauvaise excuse ? Sa mère, sa sœur, sa femme, comme beaucoup d'autres femmes autour de lui, se contentent d'élever leurs enfants. Interviewée pour une émission d'Antenne 2 en 1976, à la question « Que vous a-t-il inculqué ? », je répondrai au journaliste : « Oh, la tolérance sûrement parce qu'il est très très tolérant. » Et à une autre question : « Sur quoi insistait-il dans votre formation ? » je n'aurai rien d'autre à dire que : « Oh, il me laissait très très libre. » Impossible d'être plus claire.

À l'élection présidentielle de 1974, la situation devient plus délicate. Georges Pompidou meurt le 2 avril, mon père est ravagé. Mon grand-père, pourtant peu habitué à évoquer un quelconque sentiment personnel, expliquera deux ans plus tard à un journaliste de la même chaîne venu l'interroger sur l'influence qu'a eue sur Olivier Guichard l'intimité avec le Général et Georges Pompidou : « Je n'ai jamais vu mon fils aussi bouleversé qu'au moment de la mort du président Pompidou. » Là encore, tout se précipite. Pour reprendre son expression notée le mercredi 3 avril en sortant d'un déjeuner chez Chaban-Delmas : « Les salades commencent. » « Elles continuent, ajoute-t-il le lendemain. À 17 heures je vais voir Pierre Juillet qui est installé dans le bureau de Chirac d'où il dirige les opérations contre Chaban. » Poher reprend l'intérim, Chaban se porte candidat alors que le président défunt n'est pas encore sous terre, et Pierre Messmer annonce à son tour sa candidature quelques heures après, Edgar Faure s'avance puis se retire, tandis que d'autres ministres font connaître leurs intentions pour mieux qu'on les retienne. Valéry Giscard d'Estaing se déclare enfin le 8 avril.

En six jours, le fossé s'est creusé dans ma vie de couple. D'un côté, un encarté Républicain indépendant qui enfile tous les matins un T-shirt portant le slogan de campagne, « Giscard à la barre », avant de partir au

QG, 42, rue de la Bienfaisance dans le VIIIe arrondissement. Et sur l'autre bord, la petite Guichard qui n'a pas coupé le cordon et fait acte de présence au 25, avenue Charles-Floquet dans le VIIe arrondissement, siège de campagne de l'UDR et de son représentant Jacques Chaban-Delmas. La Seine nous séparera, Ladislas et moi, durant un mois. Quatre semaines, une broutille dans une vie, mais un cauchemar dans la mienne.

Mon beau-père, avec cette fidélité absolue à VGE qui le caractérise et un talent reconnu à glisser les peaux de banane sous le bon pied, s'en donne à cœur joie durant la campagne du premier tour dont je retiens, en particulier, sa satisfaction d'avoir « tiré Chaban comme un lapin ». Son poulain, Giscard, se qualifie pour le second : le mien est battu, sévèrement.

Pour mon premier vote, j'accuse le coup, heureuse néanmoins pour Ladislas qui voue au nouveau président une admiration totale. Mon beau-père, plus subtil dans la vie privée que l'image laissée par ses déclarations politiques ou les croquis des dessinateurs de presse, me la joue gentleman. Il m'offre un bracelet accompagné d'un mot d'excuses pour les semaines que la campagne m'a infligées : « Je sais que ce n'était pas facile. Bien plus important que la politique sont l'affection et la tendresse familiales. C'est ce que symbolisent les chaînons que vous trouverez ci-joints avec toute l'affection d'un beau-père qui s'en veut d'être parfois un politique agaçant. » J'aurais dû me méfier du message implicite de la chaîne, certes de bon goût mais au bout de laquelle je ne vois pas s'accrocher le boulet de la politique que je ne connais pas encore.

À cette élection présidentielle comme lors des suivantes, le candidat pour lequel je voterai au premier tour n'atteindra jamais le second. L'IFOP aurait dû m'engager, il aurait fait de grosses économies de sondages. En 1981, je voterai bien entendu Michel Debré au premier tour, mais nous ne sommes pas nombreux. En 1988, mon bulletin ira à Raymond Barre. Puis je pencherai pour Édouard Balladur, sans conviction, disqualifié à son tour en 1995. Concernant l'élection de 2002, sans préférence cette fois, je crois bien que je suis allée jusqu'à voter François Bayrou.

Le fruit, sans doute, de mon amicale admiration pour celle qui le secondera toute sa vie, Marielle de Sarnez. En résumé, j'ai toujours eu la fâcheuse manie de voter pour les gens que je connaissais. Si tout le monde faisait comme moi, les urnes seraient vides.

Sauf une fois. En 2012, je n'ai pas mis de bulletin François Hollande dans l'urne bien que l'homme me fût sympathique. Je l'avais rencontré, des années auparavant, lors d'un voyage de trois jours à Singapour, auquel nous étions huit à participer. Petit comité composé de Dominique Strauss-Kahn et sa femme de l'époque, mon amie Brigitte Guillemette, en charge pour la France des relations publiques de la ville de Singapour, François Hollande et Ségolène Royal, Gérard et Brigitte Longuet, Ladislas et moi. Deux députés de gauche et deux députés de droite, le compte était bon. L'ambiance aussi, et hors des entretiens officiels auxquels je n'assistais pas, la rigolade était de mise surtout une fois Ségolène Royal repartie au bout de trente-six heures. Je nous revois, débarquant de l'avion, attablés dans une échoppe devant des bols de nasi goreng, un riz frit aux légumes agrémenté de poulet ou crevettes à décortiquer. Ça crée des liens. Ou pas. Rentré à Paris, Ladislas croisant Ségolène au palais Bourbon s'avança pour l'embrasser. Elle l'arrêta net, la main tendue loin devant elle, prétextant : « Je crois que les gens ne comprendraient pas qu'on s'embrasse. »

Mon père est mort en 2004 et, après lui, j'ai laissé mes opinions politiques s'exprimer, au coup par coup, votant à Paris pour Bertrand Delanoë en 2008, prête à faire la campagne de Dominique Strauss-Kahn en 2012. Elle n'aura jamais lieu, comme on sait.

Étais-je enfin exfiltrée de l'aura paternelle ? Qu'elle m'ait éclairée, aveuglée même, jusqu'en 1974 où son parti, mon père lui-même et ses amis sont à la tête de la France, c'est l'évidence. En revanche, lorsqu'en 1974 ses idées marquent le pas, puis en 1981 dès qu'elles sont balayées au profit des socialistes, la minoritaire en moi pourrait se rebeller. Contre les héros de mon enfance qui n'ont pas su ou pu poursuivre le travail entrepris, contre les nouveaux tenants du pouvoir qui fustigent l'héritage. J'ai d'autres préoccupations et je me rends compte que la politique ne ressemble pas ou plus à l'idée que je m'en faisais.

Ladislas se rebelle à ma place et se fait élire, lors d'une partielle en septembre 1981, conseiller général du canton de Quillebeuf-sur-Seine dans l'Eure, dont il est maire depuis 1977. Une gageure pour l'époque – Mitterrand est élu depuis trois mois – et, au vu des circonstances, le préfet, sortant de son cadre, n'hésite pas à accompagner et soutenir le candidat socialiste. L'explication est simple : Ladislas a parcouru tout le canton, allant à la rencontre de chacun, maison par maison, sonnant à chaque porte, s'arrêtant juste le temps d'une piqûre antitétanique après s'être fait arracher un morceau de mollet. Par un chien, pas par un électeur lui-même enragé.

16

1969

Cette année-là, Serge Gainsbourg et Jane Birkin chantent *Je t'aime, moi, non plus* tandis que Romy Schneider et Alain Delon enflamment les bords de *La Piscine*, et que les manteaux longs de la rentrée semblent cacher nos jambes pour mieux s'ouvrir sur nos minijupes. « 69, année érotique » proclame le même Gainsbourg. Entièrement d'accord avec lui.

Je viens de rencontrer Ladislas, il a cinq ans de plus que moi, ce qui n'est pas pour me déplaire. Il est en fac, il fait du sport de façon compulsive, il prend ses repas en famille, il a une voiture, il saute sur le dos d'un cheval au galop et mange de la langue de bœuf. Que demander de plus ? Un autre monde s'ouvre à moi.

Encore qu'en tombant amoureuse d'un Ponia issu d'une souche politique, d'une certaine façon, je reste dans le rang. Toujours pas de coup de pied dans la fourmilière, sauf à considérer que l'antigaullisme de mon futur beau-père m'absout de mon conformisme d'antan. Par manque d'imagination, je classe son fils dans la catégorie des moutons, à laquelle j'appartiens. Tel père, tel fils me sert pour l'instant de vade-mecum, ma conversation toujours limitée m'incitant plus à entrouvrir les lèvres pour l'embrasser qu'à l'interroger sur ses idées politiques. Il n'en paraît pas gêné.

D'avril à septembre 1969, je vais vivre six mois marquants. Rien en comparaison de mon père qui note le 25 avril : « Les sondages sont de plus en plus mauvais et les trahisons se succèdent. » Fin avril, de Gaulle perd le référendum sur la réforme et se retire dix minutes après minuit, le lundi 28 avril : « Je cesse d'exercer mes fonctions de président de la République. Cette décision prend effet aujourd'hui à midi. » J'ai dit que mon père ne m'avait pas semblé aussi abattu ni surpris que je le prévoyais. « C'est la plus belle sortie imaginable, écrit-il. Ce qui arrive était sûr depuis quelques jours et le choc est moins grand. Mais choc quand même. J'ai écrit au Général. »

Les sondages ont vu juste, comme les fidèles qui déconseillaient au Général depuis plusieurs années d'interroger les Français sur ces questions auxquelles ils ne comprendraient rien. En mettant son départ dans la balance, il a précipité l'issue, comme si résonnaient encore à ses oreilles les « Dix ans ça suffit » scandés un an auparavant dans les rues de Paris et une partie de la France. De toute manière, depuis sa réélection de 1965, il semble en avoir marre. Si on était dans un film, je verrais bien des croix gravées dans le mur de son bureau, une trentaine, chacune représentant un mois passé à attendre la délivrance.

Déjà, ce fameux dimanche 5 décembre 1965, au soir du premier tour où il devance largement François Mitterrand, l'idée seule du ballottage lui a semblé un échec, son échec. Son entourage redoute qu'il abandonne la partie d'autant qu'il est enfermé à La Boisserie sans envie de décrocher son téléphone pour livrer ses réactions et le message qu'il souhaite faire passer. Au point que Pompidou, cloîtré dans son bureau de Matignon avec Guichard, l'appelle à 23 h 30, n'y tenant plus, pour lui proposer un communiqué qu'il accepte du bout des lèvres. Pompidou-d'Artagnan, en prenant en main la campagne du second tour qui verra la victoire attendue, relance l'audace des mousquetaires, ce qui fera dire le lendemain à Roger Frey : « Messieurs les maîtres, assurez-vous vos chapeaux. Nous allons charger ! »

De Gaulle parti et Pompidou dans les starting-blocks, tout s'enchaîne jusqu'à l'élection du 15 juin, sans que nous ayons eu le temps de nous émouvoir. Du côté paternel tout au moins. Moi, c'est une autre histoire, je viens, comme je l'ai dit, de rencontrer Ladislas Poniatowski qui m'aide dans mes révisions de maths pour le bac. Grâce à lui j'aurai 4, alors que je suis habituée à 2. Un demi-succès.

Il ressemble à Polanski au même âge, du genre irrésistible. Mais ma priorité ne réside pas dans la séduction polonaise – un voyage sur place m'a confirmé cet atavisme. Plus important dans l'immédiat, le bac qui m'attend et, en 1969, pour être admise, il faut obtenir une moyenne de 12. Un 11,3 m'oblige à passer l'oral de rattrapage tout début juillet.

Entre les résultats et l'oral, mon père a été nommé ministre de l'Éducation nationale dans le gouvernement de Jacques Chaban-Delmas. Plus qu'une surprise pour lui. En arrivant au ministère rue de Grenelle, le 22 juin, il confie : « Je suis entré ici comme on entre à la Trappe », avant d'ajouter en s'arrêtant sous le porche et en se tournant vers Jean de Boishue qui l'accompagne : « Qu'ai-je fait à Pompidou pour qu'il me traite de la sorte ? »

Le « Mammouth » a toujours fait peur. Mon père changera d'avis et regrettera de devoir en partir en 1972 après avoir accompli d'importantes réformes, même s'il avoue, six mois après sa nomination : « Pas le temps d'ouvrir ce cahier [...] sinon pour dire que je suis toujours là. Quand je rêve maintenant [...] c'est de m'en aller. Le quotidien est lourd mais dépouillé. J'ai un peu grossi dans ce vilain métier. » Vilain métier lui permettant néanmoins la rencontre avec Julien Gracq. Cet auteur qui le touche profondément et dont mon père est ministre de tutelle – Julien Gracq est professeur agrégé de géographie – vient de sortir un recueil de nouvelles aux éditions José Corti, *La Presqu'Île*. Tous deux ne se privent pas de passer ensemble des heures, Gracq immortalisant sur une centaine de pages les paysages qui leur sont chers, ceux de la presqu'île de Guérande.

Contrairement à l'écrit du bac où le nom du candidat est caché, les professeurs d'anglais et d'espagnol – les deux matières choisies pour me rattraper – ont le mien sous leurs yeux quand j'entre dans leur salle ce matin-là au lycée Chaptal dans le VIIIe arrondissement.

« Guichard ? un rapport avec le ministre ? » J'aurais pu répondre « Non » mais je ne le fais pas, sans m'étendre sur le sujet. J'ai obtenu deux notes plus que correctes, méritées, même si je me suis amusée à laisser croire que j'avais eu mon bac grâce au poste de mon père. Je me revois ce soir-là, dans ma chambre-cagibi – plus je grandissais, plus ma chambre rapetissait –, enfouir mes pieds au fond du lit et mettre mes orteils en éventail avec l'assurance que la vie commence. Le bac, une rencontre, jamais deux sans trois. Pour fêter le résultat, ma mère m'emmène, moi, Constance, sa fille du milieu coincée entre les deux autres, en voyage avec elle pour la première fois de notre vie, la seule.

René Brouillet, l'ambassadeur près du Saint-Siège à Rome, un rôle qui lui va comme un gant, lui qui aime dire à ses collaborateurs : « Vous servez l'État, vous êtes comme un prêtre », a invité ma mère à venir passer une semaine à l'ambassade, la villa Bonaparte. Ils se connaissent bien, c'est lui qui a présenté mon père à Georges Pompidou. Les lieux ont gardé de son ancienne propriétaire, Pauline Borghèse née Bonaparte, la somptuosité et une aura d'histoire antique avec un mobilier retour d'Égypte, des sols en marbre et d'éblouissantes fresques. Tout ici m'impressionne. Dès le premier dîner où je suis entourée d'un cardinal et d'un chanoine, je comprends à quoi m'ont servi les longues années passées en école libre et je me félicite de ce qu'il me reste d'éducation religieuse. Les ecclésiastiques seront au menu de tous les repas. À l'exception d'une journée passée à visiter Pompéi et d'une autre à Castel Gandolfo, la résidence d'été du pape. Répit ponctué par une margherita entre mère et fille ! À la suite de ce séjour où, de fait, je me suis contentée d'observer, ma mère aura un numéro très au point, repris avec délicatesse par mes sœurs, dans le style « Constance n'a pas ouvert la bouche ».

Si, mais une bouche bée. J'ai laissé mon amoureux à Paris et, malgré l'excitation que me procure Rome, je pense à une seule chose : le cadeau que je vais lui rapporter. Le pays, l'ambassade, la compagnie des cardinaux, tout me ramène à l'état d'un poulpe ondulant dans son monde, celui du silence. État qui atteint des sommets lors d'un dîner à la villa Médicis.

Nommé par André Malraux directeur de cette institution qui accueille artistes et chercheurs en résidence, le peintre Balthus y vit avec sa très jeune femme et vient d'en achever la restauration. Entièrement éclairée à la bougie, la soirée se déroule comme dans un rêve, grâce à notre hôte autant qu'aux mystères que dégagent les lieux sur lesquels il règne. Vierge de toute éducation artistique, je me sens prise dans un guet-apens. Mon angoisse est à son comble lorsqu'on passe à table, où je découvre que je suis assise entre le nouveau ministre de la Culture et ministre d'État, Edmond Michelet, et l'acteur Alain Cuny. Le pire est à venir : fans tous les deux de Paul Claudel, ils manifestent un léger désaccord sur l'acte III de *L'Annonce faite à Marie* – j'aurais dû réviser – et vont s'en expliquer, de l'entrée jusqu'au tiramisu compris. Un grand moment de solitude atténué par la grâce des chandeliers : la faible lueur qu'ils dégagent me permet, sans attirer l'attention de l'assemblée, de rougir de moi-même et du rôle d'ectoplasme auquel je suis réduite. « Constance n'est pas prête de s'en remettre », écrira ma mère en racontant le voyage à sa belle-mère. Même le pape Paul VI que nous rencontrons le lendemain m'intimidera moins. Sans doute parce qu'il m'offre, alors que je baise son anneau tout en essayant de remettre droite ma mantille qui est en train d'épousseter ses chaussons rouges…, un porte-clés. Est-ce son côté Fangio, ou une référence aux clés du Vatican ? Je me pose toujours la question.

La même année, je fais la connaissance des autres membres de la famille Poniatowski. À commencer par leur chien, Quick, un caniche mieux traité que les enfants. Le même traitement profitera aux suivants, Cléo le fox-terrier et Noisette le teckel à poil dur. Quant au préféré de Michel, Ulysse, un braque allemand, il l'accompagnera tous les jours au ministère de l'Intérieur, occupant le fauteuil réservé aux invités. Jacques Chatin, le père de ma belle-sœur Anne, en fera l'expérience. Venu rencontrer le père du futur marié, il a attendu debout que le ministre fasse bouger son chien avant de se résoudre à choisir un autre siège. Quick, lui, a pour particularité de bondir vers la porte dès qu'il entend un tour de clé. Il a du flair puisqu'il est le premier à avoir senti que j'étais UDR, et m'accueille comme telle, en ennemie : ses griffes s'accrochent à mes collants avant que j'aie le temps de franchir le seuil.

Les autres occupants de la maison se tiennent mieux. Je les vois peu, l'endroit permettant de séparer des plannings bien différents. On peut se trouver nombreux dans les mêmes lieux sans se gêner, par exemple, Jean Lecanuet et Michel d'Ornano avec Michel Poniatowski en discussion, porte close, dans le salon du premier étage. Ma future belle-mère Gigi en train de relier des livres en compagnie de Quick, porte fermée. Ladislas et moi nous roulant sur son lit au troisième étage, tandis que ses deux jeunes frères, porte ouverte quant à eux, rigolent de voir passer l'aîné avec sa copine du moment. Le caniche mis à part, on peut parler d'un bon accueil.

Je comprends petit à petit que Ladislas se passionne pour la politique. Je réagis dans le sens qui m'arrange : « lui aussi il veut exercer le plus beau métier du monde ». Je n'en connais que la version originale. Et n'imagine pas qu'un jour, j'aurai besoin de sous-titres pour comprendre l'engagement détérioré de certains serviteurs de l'État.

L'homme que j'aime et avec lequel je choisis de vivre est attiré par ce métier, je ne boude pas ma chance. Mon erreur est d'assimiler gaullisme et politique. Le gaullisme est une vision du monde, une façon d'envisager la politique ; la politique est juste un métier, et j'ai confondu les deux.

Pour l'instant, j'entame une licence en droit à la faculté d'Assas. Je ne sais pas pourquoi puisque, durant mes études, j'ai aimé le latin. Me plonger dans des phrases incompréhensibles, chercher le sens de chaque mot, feuilleter le Gaffiot et découvrir, dans un coin de page, la traduction qui éclaire la phrase et lui donne tout son sens, trouver parfois cette phrase entière comme le cadeau caché à la fin d'une chasse au trésor ou d'un jeu de piste. Mais, petite, je dessinais des femmes en robe noire d'avocate. Ajoutez à ça mon côté Robin des Bois : rien à voir avec un goût prononcé pour le tir à l'arc et les forêts, je m'y perds au premier GR mal fléché et je sursaute au moindre craquement. Je penche plutôt pour la défense des brimés. Ceux qui peinent à penser que cela ait le moindre intérêt appellent ça « donner dans le compassionnel », une phrase qu'ils prononcent si possible avec une moue de dédain.

S'agit-il d'imiter mon père ? Interviewé en 1970, au moment de la rentrée des facultés, sur les grandes différences que rencontrent les étudiants entre hier et aujourd'hui, il a répondu : « J'ai une fille en première année de droit qui travaille beaucoup plus que moi, dans les mêmes circonstances, en 1939. » Une preuve supplémentaire, s'il en fallait, de sa méconnaissance de ma vie.

Ou de l'envie d'être avocate pour acquérir ce qui me fait défaut, la parole et le pouvoir magique que les mots semblent lui conférer, ceux qui peuvent faire mouche, comme la flèche tirée par un arc dans la forêt de Sherwood ?

Je ne passe pas les examens de fin de seconde année, ils tombent un vendredi, jour de mon mariage, et je commence à travailler le lundi, trois jours après, car Ladislas doit faire son service militaire. Nous étions vraiment amoureux et nos parents étaient eux très compréhensifs pour ne pas attendre que nous finissions, de mon côté, ma licence et du sien, son service. Les circonstances de leur propre mariage, à la fin de la guerre, le 19 juin 1944 à Siaurac, les y poussaient. Ils étaient en si petit comité, mes grands-parents maternels n'ayant pas pu se déplacer, que ma mère s'avancera seule vers l'autel. Et coupés des réalités politiques du moment si on juge par les annotations stupéfiantes de mon père dans son journal entre le 6 et le 27 juin 1944 :

« Le Maréchal parle à midi mais il n'y a pas d'électricité… on ne sait rien » (6 juin).

« Il n'y a toujours pas d'électricité » (7 juin).

« On parle de l'occupation de Bayeux. Toujours pas d'électricité. Nous discutons du mariage pour le 19 » (9 juin).

« Un jeudi sans nouvelles » (16 juin).

« Un peu triste de ce mariage sans amis pour Susan et pour moi » (18 juin).

« Je me marie ! Pas le temps de prendre les nouvelles » (19 juin).

« Je suis marié – Toujours pas le temps de prendre les news » (27 juin).

Nous profitons vingt-sept ans après d'une conjoncture autrement plus heureuse, mais il y a un certain mimétisme à laisser les considérations pratiques de côté et à penser pouvoir vivre d'amour, toujours, indépendamment du reste.

Ma mère aspirait enfin à respirer loin de la bourgeoisie lyonnaise. Quant à ma propre envie de m'extraire du 12, avenue Bugeaud où j'ai été élevée, elle ne m'est apparue que bien plus tard.

17

MARIAGE SUR UN VOLCAN

Un mariage en 1971, c'est un voyage dans le vieux monde. La couleur a bien supplanté le noir et blanc sur l'écran de télé, mais la cérémonie reste kitsch et tradition. Sur le moment, magnifique. Comme toutes les mariées, je me souviens de peu de chose, la journée passe façon météorite. Il y aura les photos, les journaux et les ragots pour m'en rappeler les points forts et les points faibles. Les journaux, parce que la fille du ministre de l'Éducation nationale épouse le fils du député-maire de L'Isle-Adam dans le Val-d'Oise, secrétaire général des Républicains indépendants ? Non, plutôt parce qu'une Guichard se marie avec un Poniatowski, ce qui déclenche un avis de tempête sur le département de la Côte-d'Or et la sous-préfecture de Montbard, plus précisément sur l'abbaye de Fontenay.

Jusqu'à son mariage, ma mère a passé tout ou partie de ses vacances dans cet endroit admirable, ma grand-mère profitant de la générosité du propriétaire, son frère Pierre. L'une comme l'autre l'ont toujours évoqué avec la tendresse qu'on porte aux lieux aimés et la tristesse qu'on éprouve lorsqu'ils disparaissent. Elles ont dû l'abandonner pour une raison qu'on me cachera avec une explication très « Guichard », autant dire pas d'explication : « Oh, une brouille entre ton grand-père et son beau-frère ! » Pour s'écarter ou être écarté d'un tel endroit, j'ai toujours imaginé que le pugilat devait être mortel ou, pire, amoureux.

Avant de m'y marier, mon attachement à Fontenay venait d'abord des innombrables histoires racontées par celle qui y passa une grande partie de sa vie, Mammy. Puis la gourmandise prit le dessus avec la douceur et la noirceur du cassis, le fruit régional auquel le chanoine Kir, dernier député en soutane à l'Assemblée, décédé l'année précédant la noce, avait donné ses lettres de noblesse avec un apéritif à son nom.

Dans le cassis, moi c'est le fruit que j'aime, pas l'alcool, bien que ma mère ait, depuis mes cinq ans, la main leste sur les panachés qu'elle prône comme le summum du rafraîchissement en été. Elle a dû prendre pour argent comptant les publicités de la fin des années 1950 qui vantaient les bienfaits de la bière Valstar pour les enfants en raison de sa richesse en calcium.

Elle est secondée par ma grand-mère paternelle qui nous propose très jeunes de l'accompagner pour siroter, après le dîner, la liqueur de cassis – encore – qu'elle fait elle-même. Une famille inconsciente qui serait poursuivie en 2022 pour atteinte à la santé d'autrui. Le goût du cassis, ma madeleine à moi, est ce qui perpétue vraiment mon enfance grâce à une spécialité régionale, les cassissines. Il s'agit d'une pâte de fruit qu'on doit poser entière sur la langue afin que le noyau de liqueur (de cassis évidemment) éclate sous le palais avant de glisser dans la gorge. Le même principe que les cromesquis au foie gras de l'immense Marc Meneau, le chef de L'Espérance à Saint-Père-sous-Vézelay. Ceux qui ont eu la chance d'y goûter comprendront. Ma grand-mère maternelle, qui passait le mois d'août à Fontenay, nous envoyait des paquets de cassissines achetés à Montbard afin qu'ils arrivent aux alentours du 15 août en Bretagne. Elle s'appelait Marie et c'était sa façon d'être près de nous qui fêtions ce jour-là toutes les Marie de la famille, c'est-à-dire tout le monde, les femmes comme les hommes l'arboraient dans leur état civil, en deuxième ou troisième prénom.

Pour paraphraser les guides qui accueillent les visiteurs dans ce monument classé au patrimoine mondial de l'Unesco, l'abbaye fondée au XIIe siècle par saint Bernard a connu après la Révolution française divers acquéreurs plus ou moins de la même famille jusqu'à Édouard Aynard, mécène, banquier et homme politique lyonnais, l'arrière-grand-père de ma mère et de celui qu'elle considère comme son frère, son cousin germain Hubert Aynard. Celui qui, ce jour-là, a eu l'affectueuse générosité d'accepter d'être envahi par notre cortège endimanché et de supporter le bazar qu'il déclenche.

Plus que les pères des deux très jeunes gens – dix-neuf et vingt-quatre ans – qui se disent oui le vendredi 28 mai 1971, ce sont leurs mentors réciproques qui attisent le feu médiatique, Georges Pompidou, le président de la République en place, issu du parti gaulliste l'UDR, et Valéry Giscard d'Estaing, son ministre des Finances et président des Républicains indépendants.

Comme on l'a vu, leurs relations sont tendues, la guerre d'Algérie marquant leur point de rupture. Moins tendues toutefois que durant la période où le général de Gaulle était au pouvoir et où leurs ambitions étaient à l'opposé. Le passif est là, les déclarations des uns et des autres pourrissent depuis des années la situation entre les deux partis qu'ils représentent, pourtant assez proches politiquement, « … gardez-moi de mes amis ». Giscard a souvent été surnommé « le cactus » du Général, au point que Pompidou a dû mettre en place, en 1967, un Comité d'action pour la Ve République en charge de régler les différends entre la majorité UNR et les Républicains indépendants. Probablement à la suite d'une des nombreuses déclarations à l'emporte-pièce de mon futur beau-père. « Lorsque de Gaulle aura disparu, le mythe s'effondrera », dit-il cette année-là à Michèle Cotta qui reconnaissait, peu de temps avant : « Vrai, cet homme, Ponia, n'aime pas de Gaulle. » Et, trois mois avant le départ de ce dernier, en janvier 1969, Ponia enfonçait une énième fois le clou en dénonçant dans la revue créée par son parti, *L'Économie*, « les désordres, les demi-échecs et les erreurs dans la manière de gouverner ».

Lorsque Ladislas et moi décidons de nous marier, beaucoup voient dans notre union une version moderne des Capulet et des Montaigu, cette alliance impossible entre deux familles liées par une éternelle querelle. Avec toutefois moins de poignards et de poison.

Vu de loin, ce jumelage Guichard-Poniatowski ressemble à une farce pour les avertis, à une gageure pour les oiseaux de mauvais augure et à un drame pour les obtus. Nos deux pères n'ont pourtant pas hérité de l'antagonisme des Guelfes et des Gibelins qui inspira Shakespeare. Les fins analystes de la République le savent. Michel Poniatowski et Olivier Guichard se connaissent depuis longtemps, *a minima* depuis 1958, où le premier, directeur de cabinet de Pierre Pflimlin, président du Conseil, a officiellement transmis les clés de Matignon au second, chef de cabinet du Général, les deux « patrons » ne désirant pas se rencontrer lors de cette passation. Le lien perdurera. « Au cours de cet été 1958, Olivier Guichard allait simplement me remplacer à Matignon dans mon bureau de directeur adjoint avant d'être nommé conseiller technique au cabinet du président de la République, l'année suivante », raconte sobrement Michel Poniatowski dans ses *Mémoires*.

L'estime des deux côtés est sincère, j'ai souvent entendu mon père dire « Mon ami Michel ». Quoiqu'en politique, un moment d'égarement soit vite arrivé. Le talent de mon beau-père pour les petites phrases va faire le reste dans les années suivantes. Mais concernant ce mois de mai, leur dos ploie surtout sous le poids des antagonismes de leurs maîtres à penser.

Les augures sont donc moins mauvais que redoutés. La météo, elle, est pire. On gèle dans les monastères, si époustouflants soient-ils. Chacun a droit à un bol de bouillon brûlant pour tenir le coup entre la messe et le déjeuner prévu dans le dortoir des moines où la chaleur du banquet fera office de brasero.

Le bouillon n'est pas gagné. L'idée a été proposée par ma mère, ce qui suffirait pour que ma belle-mère préfère se transformer en iceberg plutôt que d'obtempérer. Elles sont si différentes que rien ne pourra jamais les rapprocher. À mon regret. Travaillant, j'ai peu de vacances dans les années qui suivront et elles se déroulent en grande partie dans les Alpes-Maritimes côté Ponia, au Rouret : au milieu des chênes pubescents, un chemin monte jusqu'aux oliviers Picholine qui s'épanouissent en terrasses depuis des centaines d'années. On y voit d'un côté la Corse les matins de grand beau temps et, de l'autre, les gorges du Loup. Un endroit incomparable comme sorti d'un roman dont je rêve de partager le charme avec ma mère. Nous avons manqué de temps ensemble pour installer, avec les années, ces moments que j'imaginais heureux – pour moi en tout cas, je ne saurai jamais si nous avions cette aspiration en commun.

La simple couronne de fleurs dans mes cheveux moutonnants, sans voile, constitue l'élément le plus avant-gardiste de la journée. La longue mèche de cheveux de Ladislas qu'il doit glisser à chaque instant derrière son oreille, son pantalon trop long qui balaie le sol me réjouissent. Une photo à elle seule résume le décalage politique escompté : à la fin de la messe, les mariés et leurs parents, en ligne, embrassent, saluent, serrent la main, bref, font acte de civilité envers les personnes qui ont eu la gentillesse de venir en bravant le froid. Le photographe a su saisir la moue que je fais, dubitative et accompagnée d'un infime recul quand Giscard me tend la main et que mes deux voisins, Ladislas et mon père, se penchent vers moi comme s'ils voulaient me rassurer sur la nature de l'individu qui me fait face. Du genre : « Mais si, tu peux y aller, ma cocotte, oublie ce qu'on t'a dit, il est gentil, le monsieur. »

Le monsieur en question a bien du mérite d'être là, dans ce chaudron UDR dont il connaît le degré de combustion, comme me le raconte mon cousin Marc de Souza. Présenté à VGE, entre deux colonnes du cloître, par son père qui a cru bon de dire, « Mon plus jeune fils est très giscardien », celui-ci le remercie en riant : « Dans cette famille, ça m'étonne ! »

La traditionnelle photo de couple se fera sous les arbres, en haut d'une longue volée de marches en pierre. L'abbaye de Fontenay, comme toutes les constructions cisterciennes du même genre, est située au creux d'un vallon. Nos pantalons « pattes d'éph » rapidement enfilés, nous partons, sous l'œil humide de ma mère, expédier notre voyage de noces en deux jours à Divonne-les-Bains. J'entre à Bayard Presse le lundi matin tandis que Ladislas doit rejoindre sa chambrée de bidasses au Bourget. Dix-neuf ans, mariée, embauchée, déjà abandonnée : tout un programme.

18

LA PAPESSE ET LE GENTILHOMME

Sont présents au mariage, entre autres, deux amis de mes parents, résolument avant-garde, Andrée Putman et Michel Guy, « la papesse du design » et « le jardinier des arts » pour reprendre des formules réductrices mais souvent employées lorsqu'il s'agit de résumer ces deux passionnés. Si je ne meurs pas inculte, ce sera grâce à eux. Je leur dois quelques notions artistiques et la capture d'écran du paysage culturel de l'époque.

Car excepté la littérature et le cinéma, mes parents ont un rapport lointain avec ce monde. Le nier serait puéril. La musique, le théâtre, le ballet, la peinture, la sculpture leur sont étrangers comme bien d'autres secteurs artistiques. On ne nous réveille pas au son de la *Symphonie du Nouveau Monde* de Dvořák, on ne nous traîne pas au Louvre et s'il faut connaître par cœur quelque chose, ce sont d'abord les numéros des départements français avec le nom de leurs préfectures et leurs sous-préfectures plus que les tirades du *Cid*. Ils sont allés entendre la Callas deux ou trois fois à l'Opéra de Paris, parce qu'ils y étaient invités. Bellini,

Verdi ou Puccini n'ont rien à voir à l'affaire. Mais ma mère excelle dans les comptines chantées comme *Y avait dix filles dans un pré* et mon père attrape l'accent corse pour entonner *O Catarinetta bella* et *Marinella* de Tino Rossi. Aucun concert, aucune expo ne sont venus plomber nos jeudis et nos week-ends, et il y avait peu de chances qu'on en réclame puisqu'on en ignorait l'existence. Je suis malveillante. On m'a emmenée cinq ans de suite écouter les Chœurs de l'Armée rouge à la porte de Versailles. À ma propre stupéfaction, j'ai adoré ça et j'en suis sortie en fredonnant *Kalinka*, encore chamboulée par la tonalité gutturale des voix slaves.

Andrée Aynard-Putman est la cousine germaine de ma mère et ma marraine. Elles ont toutes les deux été élevées dans cette abbaye. Elle parle de Michel Guy comme d'« un frère ».

Ils me fascinent quand ils viennent à la maison le dimanche en fin de journée. Les décibels qui envahissent l'appartement me signalent leur présence. La voix grave d'Andrée se reconnaît entre mille, ma mère glousse de bonheur aux reparties de Michel, c'est à celui qui amusera le plus les autres jusqu'à ce que mon père, rentrant de sa circonscription, vienne les retrouver, nous caressant la tête au passage, avec distraction. Si je suis à Paris, pour peu que j'aie apporté le plateau, j'ai le droit de partager leurs tasses de thé et, bien que silencieuse, je ne m'en prive pas – on peut rire sans bruit. J'accumule inconsciemment les références, les avis et les assauts de créativité, jamais prise au dépourvu, de ces deux-là. J'y apprends l'existence de l'art contemporain et de peintres de ces années 1950-70, Bram van Velde, Pierre Alechinsky, Jean Messagier. Leurs tableaux éclairent les murs de leurs appartements réciproques et Andrée réussit, avec l'aide de son mari le collectionneur Jacques Putman, à les démocratiser sous forme de lithographies signées et vendues dans les magasins Prisunic, aujourd'hui Monoprix. À l'image de cette idée du beau à petit prix, j'apprends surtout à envisager le mélange des genres inconnu dans ma famille : on peut poser des tables bistrot aux pieds en fonte sous des moulures haussmanniennes, on n'hésite pas à glisser une horloge comtoise XVIIIe à côté d'un bureau Art déco, on ose aller voir les chorégraphies de Merce Cunningham et Carolyn Carlson sous les ors de l'Opéra Garnier… et tant d'autres choses auxquelles ils m'ont ouvert les yeux et les oreilles. Je m'en suis rendu compte tardivement mais j'en ai gardé le goût, à jamais.

Entre ma mère, Suzanne la Lyonnaise, et Andrée, la Parisienne, les trois ans d'écart n'ont jamais compté autant que les vingt étés passés à l'abbaye de Fontenay, propriété de leur grand-père, le mécène Édouard Aynard, qui y avait essaimé ses collections.

De ce paradis Andrée tirera l'essentiel de son goût pour l'esthétisme monacal, « obsédée, dira-t-elle devant la caméra de Benoît Jacquot, par l'architecture spiritualiste… la géométrie née dans cette enfance ». Durant leurs vacances mémorables, les cousines, toutes les deux parfumées à *L'Heure bleue* de Guerlain, inventent une histoire qui perdurera malgré leurs personnalités bien différentes et au-delà de leurs modes de vie si disparates, faussement rangée pour l'une et tourbillonnante pour l'autre. Leur amitié doit beaucoup à la fidélité de ma mère qui dépasse la simple consanguinité et n'a jamais failli face aux emballements affectifs erratiques de « tante Andrée ».

À ma naissance, elle lui demande comme une évidence de me tenir sur les fonts baptismaux, élan du cœur certainement plus que désir de responsabilité religieuse, ce dont elle s'acquitte à partir de mes seize ans de la même façon, par à-coups passionnés et effusions inattendues, sans rapport avec anniversaire ou fête carillonnée. À dix-sept ou dix-huit ans, je suis la destinataire de deux housses de couturier à mon nom qu'elle me fait déposer, une première pour nous deux dont je me souviens comme si c'était hier. Toujours en avance d'une mode, elle a flashé à Londres sur la styliste Jean Muir et me voilà avec une robe à la cheville en lourd crêpe bleu canard, plissée, légèrement surpiquée et une autre, arachnéenne et déstructurée, en voile blanc avec impressions bleues. Féerique. Rien, depuis les pulls d'Yvonne de Gaulle jusqu'aux uniformes scolaires, ne m'a préparée à ça. Devant les exclamations maternelles je m'extasie, me demandant pourquoi j'ai l'impression d'être devenue l'héroïne d'un conte de Perrault ou des frères Grimm. Et en même temps, folle de reconnaissance de le devenir.

Si les années qui suivent ne nous rapprochent pas, Andrée reste attentive. En 1970, je cherche un stage à la fin de ma première année universitaire, elle m'accueille chez Mafia, le bureau de tendances à la mode créé par Denise Fayolle et Maïmé Arnodin.

Sa fille Olivia, présente aussi en ce jour de noces, est enfant d'honneur et Andrée a la gentillesse de s'occuper d'habiller le « cortège ». Elle qui est toujours vêtue de blanc ou de noir et blanc, déteste les conventions et ne raffole pas des enfants, réussit un tour de magie avec un tissu de chez Liberty, le spécialiste britannique des petites fleurs aux tons pastel. Elle ne s'est pas fourvoyée car pour compenser les bouquets printaniers conventionnels, elle les choisit imprimés sur fond marron foncé. L'originalité Putman à son comble.

Clémence a six ans et Alexis trois lorsqu'elle m'invite chez elle à un de ces fameux thés qui attirent tout Paris. Son appartement-loft, rue de Savoie à quelques mètres de la Seine, est passé dans les journaux de décoration du monde entier tant il est à son image, chic, minimaliste, inoubliable. Colonnes de fonte et sol en béton abritent des panneaux de moustiquaires qui cachent un lit, d'autres une penderie dans laquelle on devine quelques vêtements aux teintes sobres, pas de réfrigérateur, « C'est trop laid » dit-elle, comme le rapporte la journaliste Sylvie Santini dans sa biographie de la diva du design. Quelques meubles mythiques, beaucoup de blanc et de noir, de la couleur sur les murs grâce aux tableaux. Un monde où miettes, grenadine renversée, chocolat étalé et menottes poisseuses font office de blasphèmes. Le piège du goûter me fait frémir. Quant à imaginer les lieux après notre passage… J'y traîne mes enfants habillés de façon improbable, pas du tout Putman. Je les ai changés dix fois avant le départ, connaissant son œil implacable qui nous jugera dès la porte d'entrée.

Elle a toujours aimé les rebelles et je ne le suis pas. À trente ans, elle m'intimide comme à dix, le décalage entre son monde et le mien sans doute, mon éternelle difficulté à m'exprimer devant celle dont le langage nécessite un dictionnaire.

Andrée Putman n'a jamais parlé comme tout le monde, elle twiste les mots, leur fait prendre des virages en épingle à cheveux qui vous laissent sur place, incertaine quant à ce que vous avez entendu. Elle utilise un adjectif avec démesure avant de jeter une conjonction de coordination en pâture dans la conversation comme si sa vie en dépendait. La handicapée du vocabulaire que je suis y perd ses repères mais la midinette se repaît d'un moment hors du commun. D'autant que mes enfants ont avalé leurs macarons aux couleurs fluo sans en badigeonner l'étoffe blanche des canapés.

La dernière fois que nous nous sommes vues, je suis allée la retrouver pour déjeuner près de son bureau, dans le quartier du Marais. Mon père venait de mourir. Ils partageaient tous les trois avec ma mère la même amitié, intacte, malgré l'inconstance qu'Andrée aimait entretenir depuis plus de soixante ans. Elle avait envie de parler de lui. Moi qui rêve de l'entendre évoquer

Fontenay, les pêches à la truite, les balades à vélo, les messages glissés d'une fenêtre à l'autre sur des fils avec sa cousine Suzanne, elle convoque Olivier et les souvenirs qu'elle a gardés de lui. « Il t'aimait beaucoup », me dit-elle. Non, elle n'a pas employé un mot aussi banal que « beaucoup ». « Il t'aimait follement » me semble plus adapté à l'éloquence putmanienne.

Celui qu'elle appelle « son frère », Michel Guy, est l'ami intime de ma mère. Très proche de mon père lui aussi, bien qu'il ait refusé que je le prenne comme témoin de mariage et chargé sa femme Suzanne de me le dire, à moins qu'elle n'anticipe sa réaction ou qu'elle ait tout inventé. Toujours pas de rébellion, j'obtempère. L'occasion s'envole de manifester mon affection à ce « gentilhomme » – dans le premier sens du mot –, irrésistiblement drôle et chaleureux. Je me rattraperai peu de temps après grâce à Ladislas.

En avril 1974, Michel Guy est à la tête du Festival d'automne, créé en 1971 à la demande du président Pompidou qui vient de disparaître.

Ils se sont rencontrés vingt ans plus tôt par l'entremise de mon père et ne se sont plus quittés, partageant un goût averti pour la création contemporaine et le besoin chevillé au corps de faire bouger les traditions. Une subjectivité qui lui permet de programmer au Festival, une même année, le jeune metteur en scène Patrice Chéreau, le compositeur de musique expérimentale John Cage et les danseurs tribaux de l'Orissa, un état de l'est de l'Inde.

Valéry Giscard d'Estaing est alors candidat à l'élection présidentielle du mois de mai. Un dimanche, avenue Bugeaud, Michel glisse un conseil à Ladislas qu'il sait engagé auprès de VGE : « Il faut vraiment qu'il s'intéresse un peu au monde artistique, il en est loin, il devrait dans les semaines qui viennent faire des papiers ciblés pour toucher les différents secteurs culturels. » Ladislas, agréablement surpris par cet engagement, passe le message à son père, insistant, pour bien les connaître, sur les qualités de cet homme que les deux politiques n'ont jamais rencontré. La prise de contact s'opère quelques jours plus tard. Une réussite. Michel Guy apporte son expérience à la campagne avant d'être nommé au ministère de la Culture dans le gouvernement Chirac qui suit l'élection. Le journaliste de *Libération* Jean-Pierre Thibaudat le présente comme « l'inconnu au bataillon des énarques, des académiciens ou des vieux routiers du Parlement ». L'autodidacte, qui a pris à vingt-trois ans la succession de son père à la tête de l'entreprise familiale d'horticulture, marche à l'intuition et à la sensibilité et sera, si difficile soit-il de succéder à André Malraux et Jacques Duhamel, un grand ministre de la Culture quelques années avant Jack Lang.

En couverture du livre de Michèle Dardy-Cretin, *Michel Guy, secrétaire d'État à la Culture, 1974-1976 : un innovateur méconnu*, son portrait en pied réalisé au ministère côté Palais-Royal me paraît d'une élégance folle. Et ce geste qui m'émeut tant il est inscrit dans ma mémoire, une cigarette entre le pouce et l'index, placée au creux de sa main.

Aux côtés des « oncle Roger » et « tante Andrée », Michel Guy est resté simplement « Michel » dans mon petit Panthéon personnel. Sa modernité nous oblige à revoir nos classiques comme nous le faisons déjà avec les artistes phares qu'il aimait mettre en lumière, Pierre Boulez, Peter Brook, Bob Wilson, Iannis Xenakis, Twyla Tharp. Tout en étant capable d'inaugurer, durant l'année 1975, le Festival du film fantastique d'Avoriaz et celui du Cinéma américain de Deauville quelque mois après. Il n'y a pas d'art mineur.

19

RIEN D'UNE CENDRILLON

Fille de, belle-fille de, femme de… ou, dans une version différente, « Vous avez un rapport avec ? », « Vous êtes de la famille ? », il est arrivé que la question m'agace. Côté Guichard, j'ai souvent répondu : « Hélas, rien à voir avec la famille de Saint-Étienne », laquelle détenait à cette époque les supermarchés Casino. Côté Ponia, j'ai souvent utilisé un « Oui, comme le boulevard », au même titre que Ney, Masséna, Murat et dix-huit autres maréchaux d'Empire dont le nom a été donné à un des boulevards qui ceinturent toujours Paris. Quand je ne bottais pas en touche du genre : « C'est du côté de mon mari. »

Loin d'avoir honte de l'un ou l'autre des noms de mes deux familles, je semblais vouloir me défendre de ces alliances, alors que la réponse qui sied à ce genre de question est un « oui » suivi de silence, celui que j'apprécie tant. À moins d'être une chèvre, l'interlocuteur comprend que le sujet est clos. Outre le patronyme, il est arrivé que les actes ou les déclarations des personnalités qui le portent et m'entourent ne soient pas du goût de tout le monde, du mien en premier. Là encore, un certain mutisme que je n'ai pas toujours su tenir évite d'offrir du grain à moudre à ceux qui ne cherchent que ça.

Je n'ai jamais répertorié les agréments et les désagréments apportés par ces patronymes. Et pourtant, ils contiennent du lourd, principalement les titres de baron et de prince qui les précèdent. Je ne me souviens pas d'avoir jamais écrit à mes parents en utilisant l'appellation « baron » ou « baronne », contrairement à mes grands-parents qui semblaient y tenir. Pas plus de moqueries en cours de récré ou autre épisode qui m'aurait gênée. « Baron » est un titre d'Empire accordé par Napoléon, en récompense de services rendus, un titre nobiliaire auquel n'est attachée aucune noblesse, et qui est le dernier échelon des distinctions. Il ne concerne que le mâle aîné et non sa famille, pas de quoi m'inquiéter.

Le titre de prince a pesé son poids. Ma belle-famille en est fière, et pourquoi ne le serait-elle pas ? Mon beau-père ne le porte pas, il est élu, mais vit avec passion l'histoire de la noblesse polonaise dont il est issu. Tout le monde n'a pas un roi de Pologne dans son ascendance. J'ai dix-neuf ans, j'entre à Bayard Presse dans l'espoir de devenir journaliste et je n'assume pas le côté aristocratie. Je ne suis pas Cendrillon. Avec les années, j'y porte moins d'attention, trop heureuse de reprendre les malheureux qui, n'y voyant pas matière à agression, évoquent mon titre de princesse ou la féminisation de mon nom comme il est habituel de le faire du côté de Varsovie, Poniatowski se changeant en Poniatowska pour une femme. Vivant en France, en république et au XXe siècle, je leur conseille de revoir leur livre d'histoire tout en précisant que Poniatowski est un nom très courant en Pologne, nous l'avons vérifié lors d'un séjour là-bas en ouvrant l'annuaire du téléphone. On en trouve des pages.

Des incidences, il y en eut. Petite, le nom de Guichard est un sésame, je ne m'en rends pas compte. En faculté de droit à Assas, je travaille suffisamment pour ne pas me faire remarquer et j'évite de me joindre aux manifestants qui crient « Guichard au rencard », ça aurait fait désordre. Quant aux garçons qui me draguent parce qu'ils envisagent une carrière politique, ils ont peu de chances de faire le poids face à la statue du Commandeur paternel. Poniatowski est plus compliqué à porter au quotidien à partir de 1974 et de la nomination de mon beau-père comme ministre de l'Intérieur, poste qui, de manière générale, déclenche plus d'antipathies que de louanges envers celui qui l'occupe. Mais, comme le soulignait son ancêtre Talleyrand, le talent d'un homme se reconnaît au nombre de ses ennemis.

En 1976, le terroriste Ilich Ramirez Sanchez, plus connu sous le nom de Carlos, une dizaine de morts à son actif, reste insaisissable malgré la mobilisation internationale. Il menace Michel Poniatowski de représailles sur sa famille. Durant plusieurs mois, nous sommes placés sous surveillance et plus particulièrement notre fille Clémence âgée d'un peu plus d'un an, qui fera ses premiers pas sous les yeux d'un policier en civil. Je ne compte pas les tracts dévastateurs impliquant l'un ou l'autre de nos pères. Un de ceux qui m'ont frappée, en 1977, vient de militants de gauche, en affichage sauvage dans la presqu'île guérandaise lors des élections municipales : « Guichard bétonne, Ponia ratonne, Giscard déconne… Où allons-nous ? » Le « Guichard bétonne » fait allusion directement aux transformations urbaines contestables qu'il a autorisées en tant que maire de La Baule sur le front de mer, le long de la plus grande plage d'Europe.

En mai 1981, au lendemain de l'élection de François Mitterrand, je passe comme tous les lundis au magazine *Biba* où je suis pigiste permanente depuis trois ans. La rédactrice en chef, Paule Feuillet, après deux tergiversations, me conseille de changer de nom pour signer mes papiers. La chasse aux sorcières a démarré, je porte le nom d'un homme qui a été ministre de l'Intérieur du roi déchu, Constance Poniatowski est connoté Ancien Régime. Je joue l'idiote, argue que je ne vois pas où est le problème et m'empare intérieurement de cette souche polono-italo-américano-belge comme si j'en étais issue, prête à mourir professionnellement pour ma belle-famille. Je lui demande de me dire tout de suite si elle préfère que j'arrête ma collaboration au magazine. Il me semble avoir ajouté que changer ma signature en Constance Guichard participerait à un autre crime de lèse-majesté, mon père ayant été jusqu'à la même date que mon beau-père ministre de VGE.

Et, circonstance aggravante, il restait le plus proche collaborateur du général de Gaulle, l'usurpateur aux yeux du nouveau président Mitterrand qui, comme on sait, lui avait consacré en 1964 son pamphlet, *Le Coup d'État permanent*, et qui lui avait refusé, le 1er juin 1958, l'investiture, déclarant dans son discours à l'Assemblée : « En 44 le général de Gaulle avait auprès de lui deux compagnons qui s'appelaient l'honneur et la patrie. Ses compagnons aujourd'hui [...] se nomment le coup de force et la sédition ».

Je n'ai pas changé de signature.

« Nous sommes enracinés dans ceux qui nous ont précédés », répondait mon père à une question de Pierre Dumayet en 1975. Une évidence à laquelle je souscris, tout en souhaitant m'alléger de leur ombre portée. Elle a souvent caché le peu de moi que je parvenais à montrer. Alors que je pensais y être parvenue, partant du magazine *Version Femina* que j'avais dirigé durant seize ans pour me lancer dans un nouveau projet de presse à l'âge où beaucoup profitent de leur retraite, il a suffi de trois minutes à Denis Olivennes, président du groupe Lagardère Active, pour me rappeler à plus de modestie. Ayant eu l'élégance de venir à ma fête de départ et de l'ouvrir par un speech, il l'a entamé en avouant que ce qui le fascinait chez moi, c'était mon côté héroïne shakespearienne et mon mariage unissant deux familles adverses, les Guichard et les Poniatowski. Seule la tristesse de me voir partir, sans aucun doute, l'a poussé à évoquer cet événement, survenu quarante-cinq ans auparavant, plutôt que le succès du magazine le plus vendu du groupe.

Femme de… L'histoire est différente car elle s'est installée petit à petit dans notre vie commune. Si ma mère a fait le job et ma belle-mère le minimum syndical pour épauler leur élu de mari comme le voulait l'usage dans le monde politique jusque dans les années 1980, je n'ai pas été d'un grand secours à Ladislas.

Elles ne travaillaient pas, moi oui. J'avais pour habitude de dire que, « s'il était dentiste, je ne tiendrais pas la roulette à ses côtés » et qu'en conséquence, c'était lui l'élu, le maire, le conseiller général – équivalent aujourd'hui du conseiller départemental –, le député, le sénateur, et que je n'y étais pour rien. Je redoutais même de devenir son handicap, en tant que Parisienne ayant des opinions politiques tranchées et pas toujours en accord avec les siennes. Je l'ai néanmoins accompagné dans ses premières campagnes électorales.

La toute première, lors des législatives de 1973, à Nanterre-Suresnes dans les Hauts-de-Seine, m'a montré ce qu'était réellement la politique. Ladislas se présente, à vingt-six ans, dans une circonscription qu'il sait perdue d'avance puisque les communistes et les socialistes y sont largement majoritaires depuis plusieurs législatures. Son parti, les Républicains indépendants, a demandé à plusieurs jeunes d'aller faire leurs premières armes dans des circonscriptions imprenables, ce qui leur endurcirait la peau tout en leur apprenant les bases. Fin 1972, mon grand-père qui ne manquait pas d'humour m'écrit : « Dis à Slas combien j'admire son effort… je ne sais si vous avez besoin de pots-de-vin pour appuyer la campagne, mais je vais faire un envoi d'une douzaine de ces pots la semaine prochaine. »

Ladislas a déjà compris que la rencontre, la poignée de main, les yeux dans les yeux pèsent plus que n'importe quelle réunion locale dans un bar enfumé, ce qui ne l'exclut pas. Je ne comprends pas pourquoi ma poignée de main à moi a de la valeur, si ce n'est pour lui tenir compagnie alors qu'il monte seul les étages des tours HLM de Nanterre et sonne aux portes de gens qui ne l'attendent pas. On imagine aussi ces éventuels futurs électeurs moins méfiants face à un jeune couple tout sourire dehors.

Une galère, réitérée quatre ans plus tard lorsqu'il décide de se présenter à la mairie de Quillebeuf-sur-Seine dans l'Eure. Comment passe-t-on de Nanterre à Quillebeuf ? Par entêtement.

Entre-temps, Valéry Giscard d'Estaing est devenu président de la République, Michel Poniatowski, ministre de l'Intérieur, c'est-à-dire grand maître des élections comme tous ses prédécesseurs et ses successeurs. Tous les deux lui conseillent – pour ne pas dire lui « ordonnent » – fortement de se focaliser sur Paris et d'y travailler un arrondissement à sa portée. Son père lui dit même avoir gardé de côté pour lui un secteur précis, et bourgeois, où il est assuré d'obtenir l'investiture du parti lors des prochaines législatives de 1978. Un fait du prince qui ne sied pas du tout à Ladislas. D'abord, le prince parti, le risque est grand de devoir faire ses valises avec lui. Ensuite, il n'a jamais envisagé la politique à l'aune d'un confortable siège à dix minutes de son lit.

Ses galons, il veut les gagner seul. Sa mère est née à Évreux dans l'Eure, la sœur de sa mère, sa marraine de surcroît, habite à Saint-Pierre-du-Val dans l'Eure, il ira dans l'Eure. Le maire de Quillebeuf-sur-Seine, le docteur Mathieu, prend sa retraite mais accepte la seconde position sur la liste municipale menée par Ladislas qu'il juge un futur bon maire pour son village.

Il acquiert un bout de terrain sur place et loue deux pièces dans la rue principale derrière la boulangerie, où nous passons nos week-ends avec Clémence. Le docteur Mathieu et sa femme nous accueillent avec une gentillesse sans égale, et les habitants plus réservés donnent néanmoins la majorité de leurs voix à leur équipe en mars 1977. J'ai trouvé l'hiver rude cette année-là, travaillant toute la semaine, partant le vendredi soir avec une toute petite fille pour arriver dans une chambre glacée, passant deux jours à rencontrer Quillebois et Quilleboises. Je n'imagine pas jouer un rôle dans la vie d'élu de mon mari qui restera trente-sept ans maire de la commune.

L'hiver 1978 ressemble au précédent. À deux détails près, qui ne le sont pas tant que ça. Nous habitons chez la tante Jacqueline de Ladislas et les routes sont bloquées par la neige qui atteint jusqu'à un mètre dans l'Eure en février. PPDA, nouveau présentateur du 20 heures sur Antenne 2, ouvre le journal sur des Parisiens en skis dans les rues. Une nouvelle galère électorale qui se termine par une défaite. Enfin élu conseiller général en 1981 lors d'une partielle, il sera réélu six fois à ce poste, Ladislas devient député de la 4e circonscription de l'Eure en mars 1986. Simone Veil, venue le soutenir, lui aurait-elle porté chance ?

J'apprécie peu mon rôle de « femme du député », à peine plus que celui de mairesse bien que j'éprouve toujours du plaisir à retrouver l'équipe municipale. Je me suis liée à elle lors du repas annuel des anciens. Les premières années, je suis placée à table entre le doyen et le curé durant les six heures que dure le déjeuner – quatre plats, le trou normand, les fromages, deux desserts –, sauf quand je participe à la danse des canards et à la danse du tapis, ou qu'une participante m'invite à valser. Lorsqu'on m'a proposé de rejoindre les femmes de l'équipe comme serveuse, j'ai bondi sur l'occasion et suis devenue une experte en service à la place : sur une main, un immense plat préparé pour quinze ou vingt personnes, dans l'autre, une pince façon ciseaux formée d'une fourchette et d'une cuillère pour attraper les différents ingrédients, petits pois compris, et les poser intacts dans les assiettes. Les meilleurs moments se passent évidemment en cuisine et en fous rires quand on revient chacune avec nos bourdes et nos maladresses.

L'autre bon souvenir de ces années normandes est le rendez-vous incontournable de septembre, la Fête de l'amitié, une fois les moissons terminées et le temps suffisamment clément pour que les moutons puissent rôtir sans craindre d'être trop arrosés.

L'invité politique, sa merguez-frite avalée, délivre son message sous le grand chapiteau, dans une atmosphère qui ne prête pas à la castagne. Il est d'autant plus applaudi que l'assistance sait que ses dernières paroles donnent le top départ du show qui suit. Voilà comment Bernard Tapie, Raymond Barre, François Léotard, Valéry Giscard d'Estaing, Michel d'Ornano ont laissé la place sur scène à Annie Cordy, Michel Leeb, Enrico Macias, Stéphane Collaro et ses Cocos Girls, Gérard Lenormand, Nicoletta, Thierry Le Luron. Après avoir gagné des lapins qu'ils laissent à regret – pas question de les rapporter à Paris –, nos enfants Clémence et Alexis montent sur l'estrade pour offrir des fleurs à la vedette. Aujourd'hui, mon fils donnerait cher pour remettre la main sur une photo où il grimpe les quelques marches main dans la main avec Laetitia Casta dont le père, Dominique, n'a jamais failli en amitié vis-à-vis de Ladislas.

Face à ces moments aussi amicaux que politiques, combien de week-ends d'absence, de vacances lézardées, de nuits d'attente, de kilomètres avalés en bravant le danger sur la route, d'éloignement en somme sans être jamais assuré de pouvoir continuer un métier remis en jeu, tous suffrages confondus, environ tous les deux ans ? L'élection présidentielle, à la suite du quinquennat, entraîne sauf exception, lors des législatives qui suivent, une marée telle qu'un bâton de chaise peut se faire élire dans la foulée. Sans parler d'une dissolution peu réfléchie. Autant d'occasions de se faire balayer. Comme dans tous les secteurs professionnels sauf qu'un maire, un député, un conseiller général est au service, jour et nuit, de ses électeurs. S'il a conscience de ce pour quoi il a été choisi.

J'ai été surprise la première fois que Ladislas m'a raconté cette anecdote si parlante : nombre de ses visiteurs, en sortant de son bureau en mairie ou à sa permanence, lui disaient : « Au revoir, docteur », « Merci, monsieur le curé », « À bientôt, maître », autant de qualificatifs significatifs de l'aide apportée. Les remerciements s'accompagnaient parfois d'un cadeau, un poulet au pilon plus gros que mon bras, preuve qu'il avait vraiment couru en basse-cour celui-là.

Cette proximité avec ceux qui vous ont élu et vous font confiance, je l'ai remarquée aussi chez mon père. Dans les retranscriptions d'une émission de 1976, la ou le journaliste pose à tous les éventuels intervenants à peu près les mêmes questions, en tout cas sur l'homme Olivier Guichard afin d'en dresser un portrait le plus complet possible qui sera diffusé à l'écran. Les plus fréquentes sont : « Quelles sont ses forces ? » et « Quelles sont ses faiblesses ? » Là où Pierre Mauroy, maire de Lille et futur Premier ministre de François Mitterrand, invoque par deux fois « sa sérénité », arguant que ce peut être un handicap car elle « ne porte pas à l'exaltation », ses amis pêcheurs de La Turballe désorientent l'interviewer en lâchant un seul mot pour ses faiblesses : « Les bouquets. » Et, s'en expliquent devant son incompréhension : « Ben oui, il ne résiste pas à une grande assiette de bouquets avec un verre de gros-plant. »

À une génération de différence, mon père et mon mari n'ont jamais été assez méchants pour ce job, un défaut et une qualité qu'ils partagent, en le gérant différemment. À une interrogation de Jacques Chancel : « Est-ce que tous les coups sont permis en politique ? », la réponse d'Olivier Guichard leur sied à tous les deux : « Le succès d'un homme politique tient à la réserve qu'il s'impose face à certaines méthodes. » Ladislas et lui se sont présentés aux suffrages de leurs électeurs respectifs avec la même volonté : s'occuper de leurs concitoyens et du territoire pour lequel ils s'engageaient, quand d'autres, avec les mêmes préoccupations affichées, gardaient près d'eux une valise de poignards prêts à être dégainés avant toute action.

Il paraît qu'en politique, il est bon, pour l'image, d'avoir mauvaise réputation, de savoir se faire craindre ou haïr. Jean-François Kahn a analysé ainsi le cas de mon père : « C'est un homme qui a peu d'ennemis. Il est très difficile de détester Guichard, d'en vouloir à Guichard, c'est un homme qui n'a jamais fait de coups bas… Pour être un homme très aimé, très admiré, et pour avoir des gens qui vraiment sont derrière vous, ça implique aussi, Léon Blum est un bel exemple, qu'on soit formidablement détesté. »

À dix-sept ans, en me glissant dans les bras de Ladislas, ai-je pensé chausser des bottes de sept lieues qui m'aideraient à allonger mon pas pour rattraper les traces de mon père ? En me mariant et en m'éloignant, peut-être m'en rapprocherai-je…

20

« OLIVIER, POURQUOI VOUS NE M'AIMEZ PAS ? »

Entre mon père et Valéry Giscard d'Estaing, l'histoire remonte loin avant mon mariage. Elle ne ressemble du côté de Guichard ni à de l'amour comme avec le général de Gaulle, ni à de l'amitié comme avec Georges Pompidou. À de l'incompréhension plus certainement.

VGE et lui se connaissent depuis longtemps malgré leurs six ans de différence. Jeune secrétaire d'État aux Finances en janvier 1959, aux premiers jours de la Ve République, Giscard croise mon père à l'Élysée où il occupe le bureau mitoyen de celui du Général, quand ce n'est pas chez le Premier ministre, Michel Debré, un des plus anciens amis de Guichard. « Je l'ai due [la vie politique] à deux ou trois hommes : le Général, Georges, Jacques et Michel. Ils n'avaient sans doute pas d'illusion sur ce que je valais, mais savaient ce que je pouvais faire. Je les ai tous aidés de mon mieux et je pense ne jamais avoir trahi leur confiance. »

Dans les années suivantes, ils sont principalement en relations dans la période qui précède les élections législatives, afin de s'entendre sur les candidats à présenter. En juin 1966, Giscard souhaite implanter dans le pays ses Républicains indépendants dans des endroits considérés comme modérés, où les députés UNR auraient été « élus par accident » déclare-t-il. Il compte trente-cinq députés sortants et demande à Guichard de lui céder cinquante-six places sur les deux cent trente-trois députés du groupe majoritaire. Le préfet Olivier Philip, qui assiste à la réunion, résume l'ambiance au Premier ministre, notant de la part du leader des RI : « aucune concession… il réclame… il ne saurait admettre ».

Les tensions entre VGE et l'ami Georges créeront une ambiance pour le moins tiède entre eux, le « oui, mais » du parti des Républicains indépendants n'arrangeant rien. Le coup de poignard dans le dos du Général lors du référendum de 1969 viendra clore une séquence que l'élection de Pompidou apaisera.

Mercredi 30 avril 1969 : « Déjeuner chez Chaban où Georges raconte assez drôlement l'entrevue avec les RI qui aboutit cet après-midi au ralliement de tous, y compris Giscard qui dans cette affaire se couvre de ridicule ».

La semaine écoulée vient de voir de Gaulle défait et parti s'enfermer à La Boisserie tandis que Pompidou se déclare candidat. Derrière le commentaire inutilement grinçant de mon père, je vois la preuve chez lui d'un trop-plein d'émotions.

Pompidou élu et Giscard promu ministre des Finances dans le gouvernement de Jacques Chaban-Delmas, le bruit court que le Président a hésité entre ce dernier et Guichard comme Premier ministre. Chaban, lui-même, n'hésite pas à l'affirmer : « Après moi, ce sera Olivier. » Il n'en faut pas plus à VGE pour tâter le terrain et, comme le raconte Catherine Nay, glisser des petits papiers à mon père durant le Conseil des ministres, sur le mode : « Olivier, pourquoi vous ne m'aimez pas ? »

La meilleure défense ? L'attaque bien entendu ! Après des années passées à alimenter un antigaullisme poli pour en arriver au lendemain du référendum à un final digne d'un opéra de Verdi, comment celui qui a tourné si souvent le couteau dans la plaie pourrait-il se faire apprécier du fidèle qui pleure son roi, si ce n'est par cet éternel tour de passe-passe de séducteur ? Repris d'ailleurs cinq ans plus tard avec une certaine constance, alors que mon père est sous le choc de la disparition de Pompidou et que sa sensibilité encore à vif les jours qui suivirent pourrait lui faire prendre des vessies pour ce qu'elles ne sont pas. Vendredi 5 avril 1974 : « J'ai pour vous une sympathie à laquelle vous ne voulez pas croire », lui avoue Giscard.

Il y avait peu de chances que l'appât fonctionne, si on en croit la conversation qui a précédé – ou suivi – cette déclaration d'amitié, reproduite à la même date et la même heure : « Vous, les gaullistes, vous accaparez l'État depuis quinze ans… Si le Président avait vécu, il m'aurait mis à sa place. » *Dixit* Giscard.

S'il y a bien une chose que Guichard a toujours détestée, c'est que l'on fasse parler les absents, et encore plus les morts… Malgré la défaite de Chaban-Delmas au premier tour, il fait néanmoins une campagne active, au second tour, pour Giscard, ce qui lui vaudra sifflets et bronca. « Notre soutien à Valéry Giscard d'Estaing doit être loyal et libre », a-t-il déclaré à *Presse-Océan* le 15 mai 1974.

Six mois plus tard, à la suite des premiers vœux de Nouvel An du Président fraîchement élu, exaspéré par l'enthousiasme giscardien qui agite sa sœur Malcy, il note : « Depuis son allocution de Noël, c'est un homme qui ne m'intéresse plus… l'espèce de fascination qu'il a longtemps exercée sur moi – par son intelligence et aussi par son comportement – est en train de disparaître. Ce qu'il dit devient inconvenant ou démesuré… il devient quelqu'un d'étrange, d'hostile, de lointain et d'un peu ridicule. »

Séduit et déçu. Bien entendu, le charisme de Giscard a agi sur mon père comme sur toute personne qui le rencontrait, ma mère elle-même, franchement antigiscardienne – je n'ai jamais su pourquoi, mais elle y tenait – a avoué un jour : « Je reconnais qu'il est séduisant. Quand je dîne à côté de lui, j'ai l'impression que plus personne n'existe à part moi. »

Mon père n'est plus ministre, il va pouvoir faire son métier de député. Il a été réélu en septembre et le tandem qui dirige la France, Giscard-Chirac, lui est étranger, première fois depuis vingt-cinq ans. On pourrait l'imaginer aigri, vexé ou traversé de doutes et de regrets, il n'en est rien. Sa fidélité viscérale au gaulliste Chaban n'a pas changé le cours de l'histoire qui était écrite pour VGE, il en profite seulement pour s'échapper, une philosophie de vie chez lui : « Les gens d'ici ne m'imaginent pas ailleurs [qu'au gouvernement] puisqu'ils ne m'ont connu qu'enfant ou ministre. Ainsi se font les situations et ainsi en devient-on prisonnier. »

Il s'attelle à l'écriture d'un livre intimiste, *Un chemin tranquille*, adjectif inapproprié dans la période qu'il traverse, à moins d'avoir voulu évoquer les deux chemins qui lui sont chers : l'allée des Vignes qui relie Siaurac à une partie du village de Néac dont il fut maire, et l'allée qui mène de la grand-route jusqu'à Ker Olivier en traversant les fermes des familles Tobie et Morin.

D'où vient alors ce début de mépris pour le premier personnage de l'État qu'il respecte ? La lecture du texte intégral des vœux de VGE m'a offert plus d'explications que je n'aurais pu l'imaginer et éclaire les mots découverts dans le cahier de mon père en janvier 1975. Le chef de l'État parle de l'année qui se termine comme de « l'année de la liberté » et ne cite pas le nom du Président défunt six mois plus tôt après une maladie qu'il a endurée debout jusqu'au dernier jour. À cet « oubli » qui peut s'expliquer, non se comprendre, Giscard voulant aller de l'avant et non regarder en arrière, s'ajoute le passage dans lequel il revient sur son récent séjour aux Antilles où il a rencontré le président des États-Unis, Gerald Ford, et parle des Antillais. : « Je ne sais si vous avez pu le voir, ils m'ont reçu avec leurs yeux et avec leurs mains. Quand je suis rentré des Antilles, mes mains étaient couvertes des écorchures que leurs ongles y avaient faites en me serrant les mains. »

Inconvenant, ridicule ? Tellement étranger surtout à la manière de s'exprimer des deux précédents locataires de l'Élysée. De quoi jeter le trouble chez mon père.

Son style, Giscard l'a toujours souhaité différent, cherchant à dépoussiérer l'Élysée et tout ce qui se rattache à sa présidence. C'est l'homme des premières fois de la Ve. Après avoir fait campagne avec, à ses côtés, la présence assidue de ses enfants, il s'affiche en maillot de bain, en train de skier ou de jouer de l'accordéon, convie sa femme à présenter les vœux du Nouvel An auprès de lui, s'invite à dîner chez les Français. Tout ce qu'on sait.

Il rajeunit les codes en s'inspirant d'un homme qui le fascine, John Kennedy, qu'il a rencontré à la Maison-Blanche en juillet 1962, un an avant son assassinat à Dallas. Sous ses allures de grand aristocrate, il a été un des présidents les plus modernes de la Ve République. Pour preuves évidentes, les lois en faveur de l'avortement et du droit de vote abaissé à dix-huit ans. Il a, par ailleurs, toujours gardé un esprit aux aguets. Alors qu'il siégeait à l'Académie française, il m'avait expliqué en 2016 son désir de faire entrer Michel Houellebecq dans cette noble institution, persuadé que le romancier resterait un grand de la littérature contemporaine.

Rien, chez lui, n'étonne Ladislas. Il connaît depuis l'enfance celui qui a inscrit ces mots sur le livre d'or de son père, lors d'un séjour au Rouret : « À Michel, le seul ami. » Il a participé activement aux campagnes présidentielles de 1974 et de 1981. VGE est de tous les mariages familiaux, même s'il sèche certains enterrements, et en 1982 Michel Poniatowski lui prêtera, pour l'été, le château du Rouret où il a passé son enfance, lui-même occupant, au début du chemin, une maison plus moderne qu'il a fait construire dans les années 1970. À part quelques réceptions officielles où nous avons été conviés lors de son septennat, qui obligent chacun à rester dans le cadre qui justifie sa présence, et où le Président doit jouer au Président et l'invité à l'invité, j'ai peu croisé l'ami de la famille. Les journées partagées lors de ce mois d'août 1982 me font découvrir, chez Giscard, deux personnages, celui des médias et un autre.

À part son charisme qu'on perçoit aussi bien à la télé qu'au milieu des oliviers et dont même ma mère a subi les effets, il paraît plus composé que ses prédécesseurs formés à Saint-Cyr pour le Général, et à l'École normale pour Pompidou. J'attribue cette dualité à l'ENA.

Ayant côtoyé plus d'énarques que nécessaire, j'ai remarqué chez certains d'entre eux un décalage affectif, un handicap émotionnel que j'impute à la tranche d'âge durant laquelle ils y font leurs études. Au moment où leurs contemporains découvrent la vie, l'amour et les soucis qui vont avec, le programme de l'École nationale d'administration ne propose rien qui y ressemble, de près ou de loin. Et lorsqu'ils ont enfin le temps de s'adonner aux plaisirs de l'existence, ils le font en technocrates avisés. De brillants esprits mais une connaissance limitée de la vraie vie. Du gâchis.

Notre été, lui, n'est pas gâché dès l'instant où nous nous plions à l'art de vivre giscardien : toujours avoir un joueur de tennis disponible quand il souhaite faire une partie, trois joueurs si possible, il préfère les doubles, moins fatigants, qui lui permettent de faire équipe avec notre ami classé, Patrice Duhamel. Prévoir de nombreux arrêts dus aux allers-retours de l'ancien président pour téléphoner, changer de raquette… Déjeuner sur l'herbe, sous le tilleul mais servis par un maître d'hôtel en gants blancs que les melons font tourner à l'orange. Ne pas prendre ombrage d'être surnommées, ma sœur et moi, durant tout le séjour, « la douce et la pétillante » comme deux eaux minérales issues de la même source, auvergnate bien entendu.

L'honnêteté m'oblige à reconnaître que lui et sa femme ont été d'agréables compagnons de vacances. Invités à passer un week-end avec eux à Courchevel, nous expérimenterons l'année suivante la version hiver, plus habillée. Mes cauchemars démarrent bien avant le jour J. Autant dans une piscine je peux faire illusion avec ma brasse de vieille dame, la tête bien hors de l'eau afin de ne pas ressembler à un caniche à peine ébroué lorsque j'en sors, autant sur deux planches en bois, il suffit d'un tournant pour comprendre que j'ai peur, que je n'aime pas ça, qu'il va falloir m'attendre en bas de chaque télésiège.

Personne n'ayant envie de gâcher ses journées, ils partent tous les trois avec le moniteur attitré de Giscard, et je descends quelques pistes roses en multipliant les arrêts terrasse-au-soleil-chocolat-chaud.

Pas totalement passée en mode extraverti, un euphémisme, plus encore que le ski je redoute les repas à quatre, petits déjeuners et dîners, les déjeuners ayant lieu sur les pistes. Coup de chance, Giscard ne laisse jamais un ange passer, quitte à disserter sur la couleur de vos chaussettes. Et puis il y a une soirée cinéma, marquante à plus d'un titre puisque nous allons voir *Tchao Pantin* de Claude Berri avec Coluche.

Hormis les cinq César bien mérités que le film remporte deux mois après, il est joué par le comédien et humoriste qui s'est présenté à la présidentielle de 1981 avant de retirer sa candidature deux mois avant l'élection, puis d'appeler à voter Mitterrand au second tour. Il aurait même expliqué son engagement à François Mitterrand, lors d'un dîner chez Jacques Attali : « Mon seul souhait, c'est de faire battre Giscard. » VGE, pourtant rancunier, a insisté pour aller voir ce film, déclarant apprécier l'acteur et participant, à la sortie de la salle, au concert de louanges dont nous le gratifions. Il semble sincère.

Un autre film nous rassemble quelques mois plus tard. Son ami Jacques Friedman organise une projection du long métrage que Raymond Depardon a tourné durant la campagne présidentielle de 1974. Initialement intitulé, *50,81 %,* score du second tour où il bat François Mitterrand, il sera rebaptisé *1974, une partie de campagne.* VGE l'a commandité et, une fois élu, a mis son veto à sa diffusion jusqu'en février 2002. J'y ai toujours vu une concordance avec la disparition, un mois plus tôt, de Michel Poniatowski bien qu'il y soit traité à l'aune de ce qu'il était, l'ami, le fidèle, le socle, le chef d'état-major.

Ce soir-là, invités par le premier rôle, nous ne sommes qu'une vingtaine à découvrir le document, fascinés par le parti pris du cinéaste, un portrait beaucoup plus personnel que politique, et très politisé.

Je ne pense pas être la seule gênée par l'intimité que le document dégage – un IRM en montrerait moins sur la personnalité du candidat. Inutile de se demander pourquoi il n'en a autorisé la diffusion que vingt-huit ans après le tournage.

Nous sommes interloqués aussi par la présence de l'impétrant qui se regarde durant une heure trente et figure sur tous les plans. Quand la lumière se rallume, il ne semble pas en apnée bien que nous ayons l'impression de l'avoir vu nu. Il est vrai que la conquête du pouvoir, lorsqu'elle est réussie, pare de lauriers la tête du vainqueur, et l'enveloppe de la cape de Superman.

21

MICHEL, LE SEUL AMI

« Personne n'a consacré autant d'énergie au service d'un autre politique, fût-ce au détriment de son propre destin. » Si je ne savais pas qu'Alain Duhamel avait écrit cette phrase au sujet de Michel Poniatowski, je pourrais aussi bien croire qu'il parle d'Olivier Guichard. Derrière l'image shakespearienne de mon couple, faite de gaullistes et d'indépendants, une qualité réunit à jamais mon père et mon beau-père, l'oubli de soi au profit d'un autre, la fidélité à un homme.

Charles de Gaulle et Valéry Giscard d'Estaing ont été leur mentor réciproque sans que jamais la déloyauté vienne troubler le chemin pourtant ardu qu'ils ont parcouru à leurs côtés. « En politique, seule la fidélité est payante », répondait mon père à Jacques Chancel en 1974. Tout dépend de ce qu'on entend par payant, mais il me semble que « Ponia », comme on l'appelait à l'époque, aurait approuvé des deux mains cette assertion. La fidélité payante est celle qu'ils constataient en se regardant dans la glace ; celle qui leur a permis de continuer à avancer quand le doute s'insinuait ;

celle qui les a placés au cœur de l'histoire en marche bien qu'ils aient appartenu au vieux monde ; celle qui donne envie de rappeler leurs mérites au lieu de ne garder en souvenir que leurs faiblesses.

Outre cette qualité primordiale, une aversion partagée du communisme cimente leurs convictions politiques. Mon père l'a reconnu lorsqu'il hésite à s'engager avant 1948, Michel Poniatowski en 1955 affirme déjà, quand on le questionne sur une possible incompatibilité avec ses idées : « En dehors des communistes, aucune ».

Il les combattra plus violemment que Guichard, à cause de son côté « bulldozer » tout d'abord, et peut-être, comme le souligne Alain Duhamel, « en tant qu'aristocrate d'origine polonaise ». Son mentor aura du mal à l'en empêcher et Françoise Giroud, dans son livre *La Comédie du pouvoir*, témoigne que, « dix fois, Valéry Giscard d'Estaing a demandé que cessent les proclamations incendiaires contre les communistes, qui ont retenti jusque dans les relations diplomatiques entre la France et l'URSS. Mais autant empêcher un chien de garde d'aboyer quand il entend des pas dans l'escalier ».

Enfin, autre point commun, les deux sont portés par des ascendants, accessoirement tous prénommés Joseph, que le destin a placés au service de la France. Joseph Antoine Poniatowski, fait maréchal de France par Napoléon en 1813 ; Joseph Michel Poniatowski, nommé sénateur en 1855 par son ami Louis-Napoléon Bonaparte ; et Joseph Brisson, mon arrière-grand-père, élu maire de Néac en 1884, puis député de Gironde non inscrit sous la IIIe République.

Il a pu arriver que, pour des raisons différentes, un fait politique les rapproche. Ainsi, en décembre 1974, Michel Poniatowski vient en tant que ministre de l'Intérieur inaugurer la nouvelle mairie de La Baule, une architecture 1970 qui a fait hurler sur le moment et qu'on loue aujourd'hui. Le même week-end, Jacques Chirac se fait élire secrétaire général de l'UDR en éjectant de son fauteuil Alexandre Sanguinetti, et afin de montrer à Giscard, qu'il a aidé à faire élire six mois plus tôt, qui est le chef de la majorité parlementaire. Nos familles sont rarement rassemblées et nous pourrions profiter de l'occasion s'il n'y avait l'ambiance électrique qui règne, non entre nos pères mais entre eux et ce qui se passe à Paris.

Guichard, plus furieux qu'abattu, estime qu'en agissant ainsi Jacques Chirac sabote la famille gaulliste et qu'il ne peut pas s'arroger le titre de successeur de Pompidou, encore moins de De Gaulle. Ponia, préoccupé que l'ex-Premier ministre se place comme le rival numéro 1 de VGE à la prochaine présidentielle, a son sourire des mauvais jours : l'adversaire principal étant désigné, il fourbit ses flèches empoisonnées.

Pour le reste, bien que j'aie été témoin de leur entente réelle et qu'à l'annonce de la disparition de Ponia, mon père ait salué dans son cahier « un des derniers personnages marquants de ma formation qui s'en va », Michel n'a pas compté le temps qu'il a passé à dézinguer de Gaulle et ceux qui l'entouraient.

Guichard excepté, à moins que j'aie fait la sourde oreille aux éventuels ragots ou mal fouiné dans les archives de ces deux-là.

Lorsque j'évoque l'antigaullisme de son père avec Ladislas, ce dernier paraît ne pas voir à quoi je fais référence, en dehors de son soutien indéfectible à VGE qui l'a obligé à se démarquer des différents mouvements mis en place, après la guerre et depuis son retour, autour du Général. J'ai longtemps cru à cette unique version du féal qui a pour volonté de faire place nette afin d'y inscrire le nom de son ami. Elle est véridique. Mais on dépasse largement ce cadre-là lorsqu'on se remémore les petites phrases de Michel Poniatowski qui ont souvent conduit à de grands séismes. Giscard lui attribuera dans ses mémoires « la dégradation de ses relations avec le groupe UDR contre laquelle je l'avais souvent mis en garde sans succès car il m'écoutait sans m'entendre » ; et dans les siennes, Alain Griotteray, qui a longtemps œuvré aux RI près de lui, décrit son « antigaullisme presque viscéral ».

J'ai en tête depuis toujours que l'Algérie n'a pas été étrangère à ce combat. Dans ses mémoires, Michel Poniatowski relate une conversation de 1943, à Alger, avec Antoine de Saint-Exupéry lui conseillant : « Sors d'ici, engage-toi… on peut être bon Français, anti-Allemand, antinazi et ne pas plébisciter le Parti gaulliste… Leurs phrases m'emmerdent, leur pompiérisme m'emmerde, leurs polémiques m'emmerdent et je ne comprends rien à leur vertu. » Il ne paraît pas indifférent à la diatribe au point de déclarer à sa future femme qu'il rencontre deux ans plus tard : « De Gaulle est un chef politique qui s'est imposé par des intrigues et des artifices diplomatiques. » Puis Michel a soutenu l'Algérie française. En mai 1958, il est au cabinet de Pierre Pflimlin durant les événements d'Algérie, considérant que de Gaulle s'apprête à revenir au pouvoir par un coup d'État. Il le dira clairement à Alain Duhamel dans son livre *Cartes sur table* paru en 1972. Il s'est employé sans relâche dans les années 1960 à organiser les Républicains indépendants, parti tout entier au service de Giscard, dont ce dernier prendra la présidence, lui laissant le secrétariat général, c'est-à-dire la marche des affaires au quotidien, et globalement l'animation de cette nouvelle famille centre droit.

Et de l'animation, il y en aura, dirigée pour l'essentiel contre le Général. Jacques Foccart sous-entendra même qu'aux élections législatives de 1967 et 1968, de Gaulle aurait personnellement demandé qu'on lui envoie un candidat UNR dans les pattes. J'ai du mal à le croire connaissant le Général. Offensive dirigée de façon plus générale contre le parti représentant les gaullistes. En septembre 1974, Jacques Chirac le confirme en déplorant devant les secrétaires fédéraux de son parti « les erreurs tactiques que nous avons faites depuis des années, et qui nous ont fait régulièrement tomber dans les pièges que nous tendait Michel Poniatowski... ».

C'est dans les années 1970, alors que VGE est ministre d'État, ministre de l'Économie et des Finances, et que je viens d'entrer dans la famille – ce qui explique sans doute ma sensibilité sur le sujet – que se succèdent les formules qui me resteront en travers de la gorge les soirs de dîners à Neuilly. Dont la plus célèbre d'entre elles, assenée un an jour pour jour après notre mariage, par laquelle Michel Poniatowski traite le gouvernement et son président de « République des copains et des coquins ». La même année, il entame une conversation avec Michèle Cotta par ces mots : « Aucun homme entaché de gaullisme… », puis, coup sur coup, rapporte la journaliste, tacle le président en place, déclarant : « Pompidou, il faut d'urgence le transformer en roi fainéant » et Jacques Chaban-Delmas : « Chaban n'est pas un débile mental, il est un débile fiscal », allusion aux révélations du *Canard enchaîné* sur l'optimisation fiscale réalisée par ce dernier. Exemples de ce que Françoise Giroud qualifie de « basses œuvres » dans le portrait qu'elle dresse de Poniatowski, « l'exécuteur des hautes et des basses œuvres ». Ce descendant de maréchal le dira lui-même, il est le « lanceur de grenades » jamais pour son propre intérêt, mais bien pour celui de son ami VGE qui le décrit comme « courageux, passionné, obstiné ». Il lui devra son élection comme troisième président de la Ve République, certainement sa plus « haute œuvre » politique, ainsi que, certains l'ont oublié, le projet de loi sur l'IVG fin 1973, réfléchi et travaillé quand il était ministre de la Santé dans le dernier gouvernement du président Pompidou. Même si Simone Veil reste à jamais l'auteure de la loi.

J'imagine l'ombrage qu'en a pris mon père dont vingt-cinq ans d'idéal servaient de cible aux fléchettes enrobées d'arsenic du beau-père de sa fille. Et j'aurais dû le remercier d'avoir utilisé son flegme légendaire, rudement mis à l'épreuve, afin de me protéger.

De mon côté, une fois encore, j'essaie de concilier les deux. Par amour, par manque d'une argumentation étayée, par peur sans doute d'affronter cet homme qui, en privé, s'amuse de ses sorties et se félicite des éruptions qu'elles déclenchent. Si je m'y étais risquée, il m'aurait rétorqué que tout ça n'était que de la politique, rien de très important. Je commençais à entrevoir l'impermanence de ce cirque permanent, jusqu'à ce que j'en perçoive toute la cruauté.

Été 1976, nous sommes au Rouret chez mes beaux-parents. Notre ami, le journaliste Patrice Duhamel, et Aymeric Simon-Lorière viennent déjeuner. Aymeric, à trente-deux ans, est député-maire UDR de Sainte-Maxime dans le Var, conseiller général de Toulon et s'y présente aux prochaines élections municipales de mars 1977, espérant ravir le siège au maire Républicain indépendant en place depuis 1959, Maurice Arreckx. Mon beau-père est ministre de l'Intérieur, bien au fait des différents courants varois, de tout ce qui peut s'y tramer et plus globalement de la politique sur la Côte-d'Azur. Il aura en tout cas des arguments sérieux à opposer à Ladislas qui pense à un moment s'y présenter étant donné ses attaches locales. Le but de cette rencontre, organisée pour un ami de son fils, est de prévenir Aymeric des risques qu'il prend d'être battu et de lui conseiller d'abandonner. Celui-ci, soutenu par les promesses de Marie-France Garaud et Pierre Juillet qui voit en lui ce qu'il est, un brillant jeune élément politique à la destinée assurée, écoute son envie et non les recommandations de Poniatowski. Il veut en découdre avec Arreckx qui, des années plus tard, sera reconnu comme la pièce maîtresse « d'un système politico-mafieux », condamné à de la prison et déchu de son titre de sénateur. Battu en mars 1977, Simon-Lorière, député de la 3e circonscription du Var, met fin à ses jours le mois suivant, se sentant lâché par les instances de son parti et sans doute par beaucoup de ses amis politiques.

Le pire de ce milieu, je l'ai découvert avec la disparition d'Aymeric, comme d'autres le découvriront plus tard avec celle de Pierre Bérégovoy. Michel n'avait aucun intérêt particulier à aider un membre du parti UDR, au contraire. Il l'a fait en fin connaisseur du marécage politique et par honnêteté, afin d'éviter à un homme, pour lequel il avait de l'estime, de s'y embourber. Je lui en serai reconnaissante à vie.

Durant ces semaines partagées avec lui au Rouret, mon beau-père présente un visage uniforme et souriant. Contrairement à mon père qui aurait été un mauvais joueur de poker – détestant les cartes de toute façon –, affichant son humeur du moment, ses soucis, sa fatigue, son amusement. Plus câlin avec ses chiens qu'avec ses petits-enfants, Michel est néanmoins un grand-père très attentionné et généreux. J'ai suffisamment souffert de ses prises de position et les ai assez critiquées pour savourer ses qualités. Il se fait l'instigateur d'innombrables voyages pour faire découvrir le monde à ses treize petits-enfants qui ne sont pas près de les oublier, pas une matinée d'été ne passe sans qu'il emmène une de ses petites-filles se déguiser en Provençale façon Souleiado à la boutique du Moulin d'Opio. Bonheur de ma fille Blanche rentrant à cinq ans en jupe à volants et haut froufroutant ! Quelques notes fredonnées d'un concerto de Mozart, toujours les mêmes, lui servent à s'annoncer dans un effluve de parfum d'eau de rose dont il aime s'asperger les mains. Il s'habille de façon exotique, oscillant entre les chemises hawaïennes à manches courtes et palmiers flamboyants, et les djellabas aux tons plus nuancés. Portées par le ministre de l'Intérieur, elles sont rafraîchissantes mais déroutent le professeur-Premier ministre Raymond Barre lorsqu'il vient déjeuner en voisin. Les unes comme les autres, en revanche, enchantent deux habitués de ces mois d'été, plus décontractés, le sculpteur César qui compresse les vieux bijoux de la grand-mère de Ladislas, et Jacques-Henri Lartigue qui vit son petit appareil photo en main et s'amuse de tout ce qui passe sous ses yeux, même de mes pieds.

Pour qui aurait juste vécu ces moments estivaux où il ne s'exprime pas beaucoup, rien ne laisse imaginer l'autre personnage qu'est « Ponia ». Si VGE a dénié à

François Mitterrand « le monopole du cœur », Michel Poniatowski anticipe celui du « en même temps » que s'arroge aujourd'hui Emmanuel Macron. Formule qui s'apparente chez lui à une suite de contradictions revendiquées. La main de fer : « Nous allons terroriser les terroristes » dans un chausson de velours brodé d'une couronne princière qu'il porte le soir. La clairvoyance : « Il faisait peu confiance à Jacques Chirac » – écrit à son sujet Valéry Giscard d'Estaing – alliée à la naïveté : « Nous ne sommes ni l'un ni l'autre très affamés », répond-il en 1975 à la question de savoir qui, de lui ou de Chirac, va manger l'autre. La délicatesse de ses boutures d'iris et la violence de certains propos comme « dératiser » (l'Hôtel de Ville) employé durant la campagne des municipales de 1977. La passion pour les gadgets et l'immense érudition. Le député européen assidu, au talent reconnu par ses pairs, et l'irréductible opposant à l'Europe de Maastricht pour cause d'abandon de souveraineté – « Le traité de Maastricht est ringard et utopique. Voter oui, c'est choisir la reddition, c'est mettre le drapeau français dans sa poche », déclare-t-il au journal *Le Monde* dix jours avant le référendum de septembre 1992. Enfin, l'omniprésence familiale – il rentre déjeuner à la maison – et le peu d'implication dans les études supérieures de ses enfants.

Tout ça m'est apparu au fur et à mesure, dans cette famille où a toujours régné, comme dans la mienne, le secret. Une éducation semblable et bourgeoise nous rapproche avec, chez les Ponia, une ouverture au monde qui existe moins chez les Guichard. Grâce à leurs ascendants venus, non seulement de Pologne mais plus encore d'Italie, de Belgique et d'Amérique – une bouffée d'air frais apportée aux vieilles racines auvergnates de ma belle-mère. Grâce aussi à la décennie professionnelle que Michel a passée à l'étranger avec sa famille, à l'ambassade de France au Maroc lors de deux séjours et à celle des États-Unis durant quatre ans comme attaché financier, à quoi s'ajoutent les vacances en Californie chez leurs parents et grands-parents. Rabat, Washington et Santa Barbara ont fait de Ladislas et ses frères et sœur, Isabelle, Axel et Bruno, une fratrie bilingue et adaptée au monde.

Lyon, Saint-Nazaire et Libourne m'ont apporté le goût, partagé avec mon père, de la France, celle qui compte peu de points communs avec Paris. Ce goût du territoire qu'Olivier Guichard aménagera durant des années avec la même passion, je l'ai perpétué à ma façon et avec bonheur, en développant, chez Hachette puis chez Lagardère, à partir de 1995 sous la houlette de Philippe Zagdoun et la présidence de Gérald de Roquemaurel, le magazine *Version Femina*, supplément féminin de la presse quotidienne régionale.

Durant plus de vingt ans, j'ai découvert de belles inconnues comme Besançon, revisité des vieilles connaissances comme Bordeaux et parcouru des paysages où, plus d'une fois, j'ai imaginé ce que pourrait y être mon quotidien. Sillonner l'Hexagone à de si nombreuses reprises, souvent sans passer la nuit sur place, stimule l'envie de revenir sur les lieux qui piquent autant le cœur que l'attention. Ils ne sont rien sans ceux qui les vivent, les connaissent et les racontent. Marseille me laisserait indifférente sans la passion de Marie-José Lembo à *La Provence* et les anecdotes d'enfance du professeur Marcel Rufo. Jean-Pierre et Edith Caillard, ainsi que Michel Habouzit, ont toujours eu un moyen très sûr pour nous aider à nous remémorer Clermont-Ferrand et *La Montagne* : glisser des saint-nectaires entiers dans la soute de l'avion qui nous ramenait à Paris. Mireille et Jacques Saint-Cricq m'ont initiée à la beauté de la Touraine. Je n'en ai jamais voulu à ce dernier d'avoir refusé de sauter l'obstacle financier qu'aurait représenté la diffusion de mon magazine féminin avec l'édition du week-end de *La Nouvelle République*. J'ai découvert la commune la plus occidentale de France, Le Conquet, lors d'un déjeuner avec les équipes du *Télégramme* qu'Édouard Coudurier m'avait incitée à aller rencontrer à Brest. Grâce à Gabriel d'Harcourt, Amiens et ses hortillonnages, comme Dunkerque, m'ont offert des charmes inattendus quand j'imaginais ces deux villes rébarbatives.

J'aurais raté le viaduc de Millau et les Causses si Alain Plombat ne m'avait invitée à Mende pour remettre le prix Femmes version Femina à la lauréate du *Midi libre*. La gagnante en 2012 du même prix, Christine Decherf, m'a conviée à Arras pour visiter la maison de son association Nénuphar. Un lieu gai et accueillant, à son image, situé non loin de l'inoubliable Grand-Place qu'elle m'a fait découvrir.

22

L'ULTIME OMERTA

Le dernier silence de mon père fut le plus parlant. Assises sur la première rangée de chaises, mes sœurs et moi attendons le début de sa messe d'enterrement en 2004. Un homme d'une cinquantaine d'années entre par une porte latérale de l'église, située à gauche de l'autel, face à l'assistance. Nous nous regardons, stupéfaites. La ressemblance est frappante. Ma tante, à qui rien n'échappe, murmure, impassible : « Eh oui, c'est la vie. » Nous venons de découvrir notre frère.

S'il s'était avancé depuis la porte principale, par le fond de l'église, nous aurions pu ne pas le remarquer. Cette arrivée plein cadre, avec un peu de retard, ne doit rien au hasard. Je comprends son besoin d'afficher sa présence au moment où celle de notre père s'évanouit. À cause de secrets qui nous ont été imposés, en exclusivité, tout lui interdit de manifester sa tristesse. Sauf à échanger un regard avec nous, ou à partager un café et des souvenirs, ce que les silences paternels ne permettront jamais.

Nous sommes bien au-delà du goût de l'ellipse qu'il appréciait tant chez Mérimée, à moins qu'il n'en ait inventé une nouvelle terminologie, l'ellipse filiale. La mère de cet homme, elle, n'a jamais rien caché : des photos trônaient sur sa table de nuit et mon père fût invité à s'asseoir à côté d'elle au mariage de leur fils.

Rien ne l'obligeait à nous mettre au courant. Pour être honnête, je ne sais pas quelles auraient été nos réactions s'il l'avait fait. L'occasion, il l'avait largement eue, sa femme, notre mère, ayant disparu plus de vingt ans avant lui. Je me plais à penser qu'un frère, même tardif, aurait été un cadeau au moment où nous nous retrouvions en première ligne familiale, sur le barreau tout en haut de l'échelle.

Le soir où je suis née, mon père a écrit : « Attente de l'accouchement de Suzanne. Premiers symptômes samedi soir au milieu d'un film policier… nous n'en saurons jamais la fin. » Nous sommes quittes. Moi non plus je ne connaîtrai jamais la fin de notre polar familial, mes parents sont partis tous les deux en emportant leurs secrets, ou ce qu'il en restait. L'omerta a fonctionné et plus aucun membre du clan n'est là pour me raconter la vérité.

2016. Catherine, la bienveillance faite psychothérapeute, part à la retraite en Dordogne et me recommande au docteur Kader Benyacoub à Meudon. Le docteur Benyacoub a commencé ses études de médecine à Alger jusqu'au moment où les circonstances l'ont obligé à envisager de les continuer à Paris. La faculté de médecine d'Alger est excellente mais, à cette époque, les équivalences n'existent pas avec la France. Devant le blocage de la situation, il tente le tout pour le tout afin de plaider sa cause et écrit au ministre de l'Éducation nationale qui lui répond et fait le nécessaire pour lui permettre d'intégrer la faculté de médecine de Paris.

Cinquante ans plus tard, l'étudiant, à peine vieilli, n'a pas les cheveux gris. L'Algérie revient dans ma vie une fois de plus et je continue malgré tout à me demander pourquoi je consulte dans un département voisin du mien. Le docteur Benyacoub m'apprend alors qu'il est arrivé en France en 1969 et que le ministre qui lui a permis d'arriver là où il est aujourd'hui s'appelait Olivier Guichard.

Un scénario que Paul Auster, maître en coïncidences, aurait pu imaginer. Et que je mets sur le compte, en ce qui me concerne, non du hasard mais d'une évidence : sur notre route lointaine et silencieuse, mon père a pensé à moi. Il a placé, au moment où finissait mon enfance, un repère pour m'aider à en porter « *Ses fables et ses larmes / Ses grelots et ses peurs* », selon les vers du poème d'Andrée Chedid.

REMERCIEMENTS

Mes remerciements vont d'abord à Jean-Luc Barré qui a pensé que je saurais sortir de mes silences, m'y a encouragée et accompagnée.

Merci à Marie Grée pour sa lecture attentive et sa patience, à Séverine Ménet aux archives régionales des Pays de la Loire pour son aide et sa disponibilité.

Et merci à Malcy Ozannat, ma sœur, pour ses conseils d'éditrice et ses avis affectueux.

TABLE DES MATIÈRES

Bouquins
mémoires

Jean-Pierre Elkabbach, *Les Rives de la mémoire*
Maurice Gourdault-Montagne, *Les autres ne pensent pas comme nous*
Catherine Nay, *Tu le sais bien le temps passe…*
Nadine Trintignant, *C'est pour la vie ou pour un moment*

Imprimé en France par CPI
en décembre 2022

N° d'édition : 65272/03
N° d'impression : 173083